全集

伝え継ぐ　日本の家庭料理

米のおやつともち

（一社）日本調理科学会　企画・編集

はじめに

日本は四方を海に囲まれ、南北に長く、気候風土が地域によって大きく異なります。このため各地でとれる食材が異なり、その土地の歴史や生活の習慣などともかかわりあって、地域独特の食文化が形成されています。地域の味は、親から子、人から人へと伝えられていくものですが、食の外部化が進んだ現在ではその伝承が難しくなっています。このシリーズは、日本人の食生活がその地域ごとにはっきりした特色があったとされる、およそ昭和35年から45年までの間に各地域に定着していた家庭料理を、日本全国での聞き書き調査により掘り起こして紹介しています。

本書では、もちのいろいろな食べ方(*)と、米でつくる多彩なおやつを集めました。神々しい真っ白なもちは何よりのごちそうで、あんや納豆など、工夫をこらした味つけでお腹いっぱい食べました。米の粉でつくるだんごやちまきは節句や行事の際の楽しみで、べこ(牛)やうずまきのような模様や、葉っぱで巻いた形も美しいものです。ぼたもちなど米粒の形が残る半づきもちは、粒のときよりもちもち感が増して、ごちそうに感じます。

日本人は「もちもち」が大好きですが、本書に集められたもちやだんごの「もちもち」の度合いには大きな幅があります。もち米は粘りを強くし、うるち米は歯切れをよくし、二つを混ぜることで強弱さまざまな弾力が生まれます。さらに、いもやよもぎや栃の実など、地域の産物を加えることで多彩な食感と味がつくられてきました。いずれも、米を無駄なくおいしく食べるための工夫の積み重ねです。残りご飯を使ったおやつや、米を甘味にかえる水あめや甘酒も本書で紹介します。

聞き書き調査は日本調理科学会の会員が47都道府県の各地域で行ない、地元の方々にご協力いただきながら、できるだけ家庭でつくりやすいレシピとしました。実際につくってみることで、読者の皆さん自身の味になり、そこで新たな工夫や思い出が生まれれば幸いです。

2019年5月

一般社団法人 日本調理科学会 創立50周年記念出版委員会

＊全国の多様な「雑煮」については、『年取りと正月の料理』(仮)で紹介します(2020年刊行予定)。併せてご利用ください。

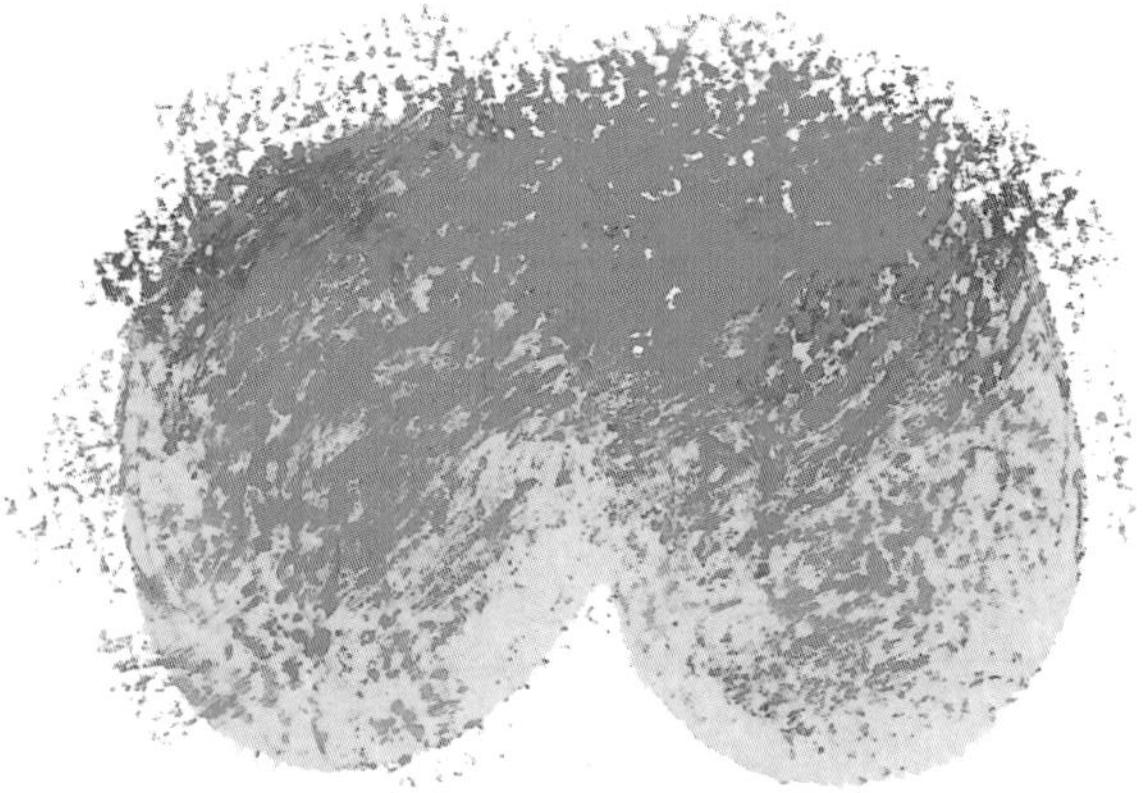

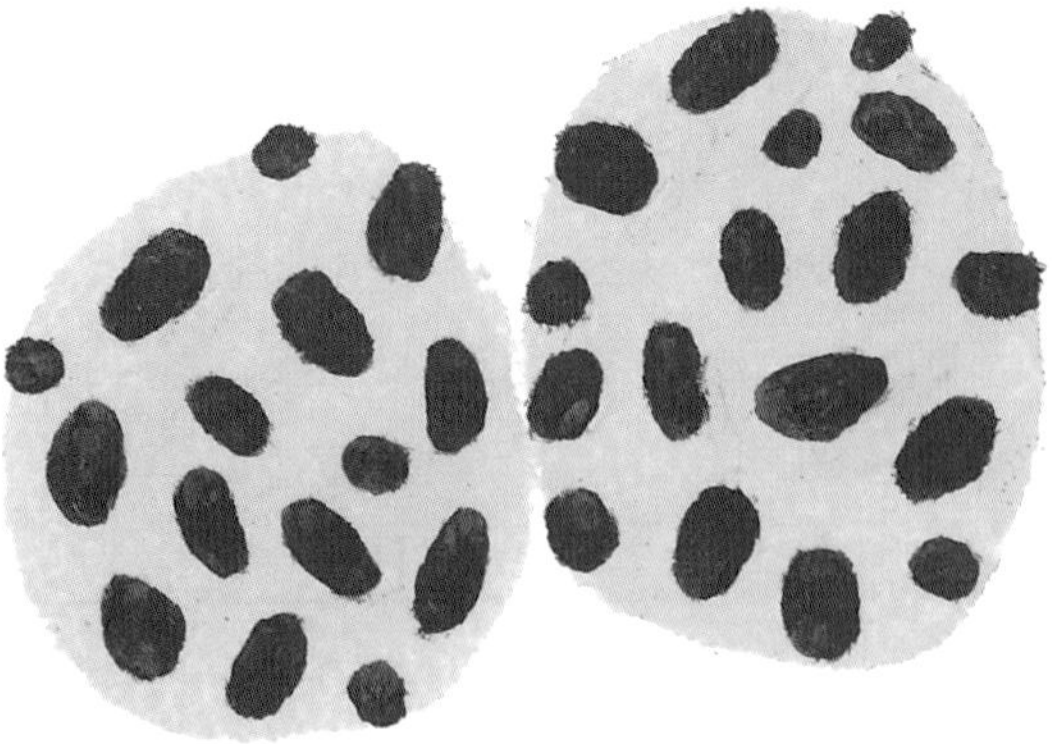

目次

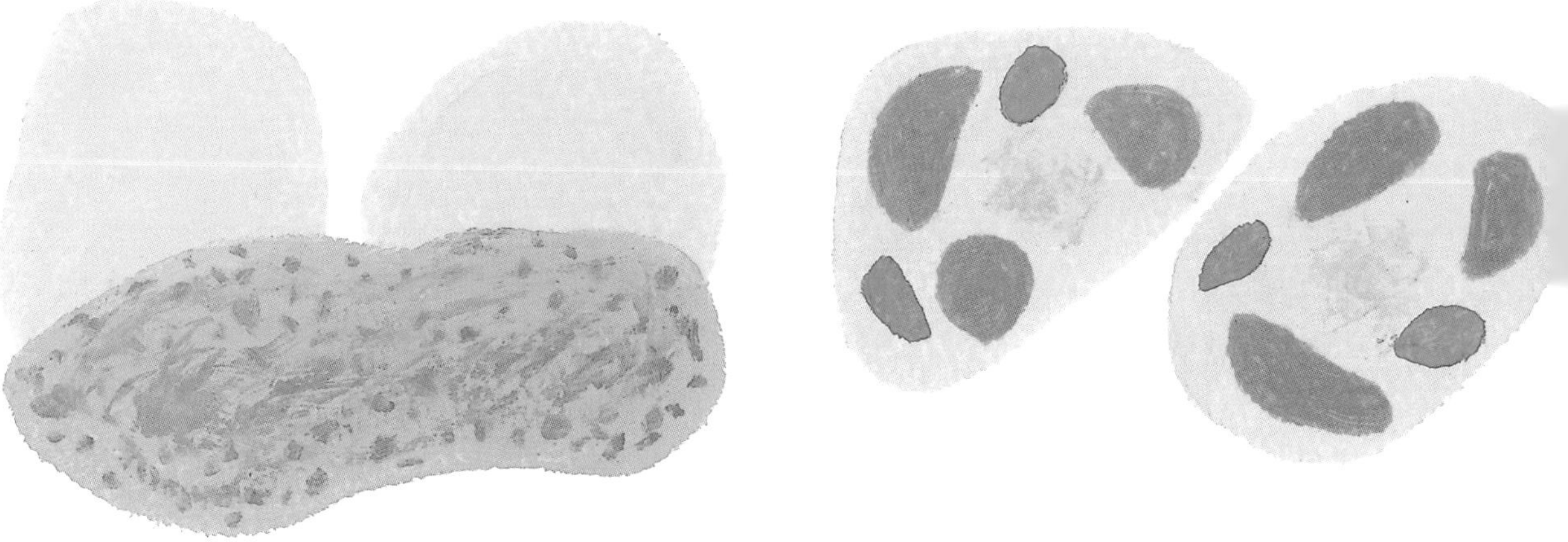

凡例

◎「著作委員」と「協力」について

「著作委員」はそのレシピの執筆者で、日本調理科学会に所属する研究者です。「協力」は著作委員がお話を聞いたり調理に協力いただいたりした方（代表の場合を含む）です。

◎ エピソードの時代設定について

とくに時代を明示せず「かつては」「昔は」などと表現している内容は、おもに昭和35～45年頃の暮らしを聞き書きしながらまとめたものです。

◎ レシピの編集方針について

各レシピは、現地でつくられてきた形を尊重して作成していますが、分量や調理法はできるだけ現代の家庭でつくりやすいものとし、味つけの濃さも現代から将来へ伝えたいものに調整していることがあります。

◎ 材料の分量について

・1カップは200mℓ、大さじ1は15mℓ、小さじ1は5mℓ。1合は180mℓ、1升は1800mℓ。

・塩は精製塩の使用を想定しての分量です。並塩・天然塩を使う場合は小さじ1=5g、大さじ1=15gなので、加減してください。

◎ 材料について

・油は、とくにことわりがなければ、菜種油、米油、サラダ油などの植物油です。

・「砂糖」はとくにことわりがなければ上白糖です。「ザラメ」は、中双糖《ちゅうざらとう》のことです。

・「豆腐」は木綿豆腐です。

・味噌は、とくにことわりがなければ米麹を使った米味噌です。それぞれの地域で販売されている味噌を使っています。

・「上新粉」「うるち米粉」はうるち米の粉、「もち粉」「白玉粉」「道明寺粉」はもち米の粉です。単に「米粉」というとうるち米の粉を指すことが多いです。製菓・製パン用の米粉は米の品種や製粉方法が従来の米粉と違い（微細で均一）、もちやだんごにすると上新粉などでつくったものとは仕上がりが異なる場合があります。

◎ 小豆あんのつくり方について

材料、つくり方に出てくる「あん」は砂糖の入った甘い小豆のあんを指します。とくにことわりがなければ、粒あんでもこしあんでも構いません。こしあんのつくり方はp95を参照ください。

〈粒あんのつくり方〉

材料（できあがり・450g）
小豆（乾燥）…145g（1カップ）
砂糖（小豆と同量）…145g
塩（砂糖の0.3％）…0.4g（ごく少量）

1 小豆はさっと洗い、鍋に入れて4倍量の水を加える。
2 火にかけ沸騰して5分ほどしたら、一度ザルにあけてゆで汁を捨てる（渋切り）。
3 鍋に戻し4倍量の水を入れて火にかける。
4 沸騰したら中火にし、蓋をしないでアクをとりながら1時間ほど煮る。常に豆の頭が水から出ないよう、水を補う。
5 指先でつまんでつぶれるぐらいやわらかくなったら、砂糖と塩を3回ほどに分けて加える。
6 途中、焦げないようときどき木べらなどで混ぜながら、煮つめる。鍋底を混ぜたとき、あとが残るぐらいが煮上がりの目安。

※砂糖は好みで加減してよいが、減らし過ぎると水っぽくなる。

◎蒸し方について

蒸気の上がった状態で蒸し始めます。基本は強火で、沸騰してからの時間を蒸し時間とします。

計量カップ・スプーンの調味料の重量（g）

	小さじ1（5mℓ）	大さじ1（15mℓ）	1カップ（200mℓ）
塩（精製塩）	6	18	240
砂糖（上白糖）	3	9	130
酢・酒	5	15	200
醤油・味噌	6	18	230
油	4	12	180

もち

米（粒）からなめらかにつきあげるもちのいろいろです。もち米にうるち米、そのブレンド、さつまいもや栃の実やおからを入れたもちもあります。つきたてのもちは甘い衣や塩辛い具でからめて食べます。乾燥したもちをかきもちにするのもまた、楽しみです。

撮影／高木あつ子

〈宮城県〉

もち料理

県北に位置する登米《とめ》市は、広大な平野部に田んぼが広がる一大稲作地帯で、伊豆沼や長沼など沼が点在する水郷でもあります。豊かな土地を背景に、ここでは昔から何かあればもちをついて食べてきました。正月はもちろん、お盆にはおみやげもちを供え、彼岸にもおはぎではなくもちをつきます。法事でも、以前は四十九日の間、7日おきにもちをついたそうです。他にも結婚式や1、5、9月の24日に行うお講「二十四日精進」、田植えや秋の農作業が終わった後の「庭払い」でも食べました。

つきたてのもちは、自家製のあんこや納豆、ずんだ、沼えび、ふすべなどの衣をからめて大皿で出します。するとおのおの好きなもちを取り皿にとって、好きなだけ食べるのです。頻繁についていたもちですが、子どもにとっても大人にとっても特別なごちそうでした。食事というよりは、人をもてなしたりねぎらったりするときやお供えのためにつくるもので、大人数で一緒に楽しむものでした。

協力＝佐藤律子、渡邉てる子、増子裕子
著作委員＝矢島由佳、高澤まき子

最近ではゆでたほうれん草をしょうが醤油で和えたほうれん草もちや、にらとツナを使ったにらもちも食べられている

あんこもちとくるみもちは昔から定番。砂糖が貴重だった頃は、干し柿を入れて甘味をつけていた

<つくり方>

衣（それぞれもち8個分）をつくり、ひと口大より少し大きめにちぎったつきたてのもちを入れてからめる。

【納豆もち】
納豆50gをよく混ぜ、醤油大さじ1/2を加えて混ぜる。

【ずんだもち】
さやつきの枝豆70gをゆでてさやから出し、薄皮をむき、すりばちでする。砂糖大さじ1、水を少し加えてすり混ぜる。

【じゅうねんもち】
じゅうねん（えごま）50gをさっと炒り、すり鉢でよくする。砂糖45gと塩少々を加えて混ぜ、水を少し入れてすりのばす。

【えびもち】
沼エビ20gをさっと湯通ししたのち、醤油を少々加える。

【しょうがもち】
おろししょうが6gに醤油小さじ2とみりん小さじ1を加えて混ぜる。

【ふすべもち】
鶏ひき肉150gとしょうがのすりおろし8gを鍋に入れて、から炒りする。ごぼう180gをすりおろして水けをしぼったものと、醤油大さじ3、みりんと酒各大さじ1と1/2、塩1.2g、砂糖小さじ2、花かつお1.5gを加えて煮詰め、一味唐辛子を入れる。

登米のもちいろいろ

登米ではもちをつくと、甘い味のものと塩味のもの、必ず数種類の衣を用意します。あんこもちはご飯の代わりとしてご飯茶碗に入れ、雑煮は汁物の代わりで汁椀に入れ、それ以外のものは「料理もち」と呼び、皿にとって食べました。

くるみもちは庭のくるみをすってつくり、法事の膳には必ずつけました。納豆もちは納豆のねばねばして糸をひくことが不幸の続くことを連想させるため出しません。

じゅうねんもちのじゅうねんは、登米でよく栽培されていたもの。彼岸にはもちだけでなく青菜のじゅうねん和えもつくりました。

ふすべもちの衣は、冬場、捕まえて干しておいたどじょうをすった粉でつくったもの。最近は小さなどじょうしかとれなくなったため、鶏ひき肉で代用しています。えびもちの沼えびも長沼でとって使っていましたが、最近ではとれなくなったので、他の地域のものを使っています。

〈岩手県〉

もち料理

宮城県との県境にある一関市は北上川流域の豊かな水田地帯で、恵比寿講やお大師様の年越しなどの神々の日や農作業の節目、冠婚葬祭などにはもちをついてきました。もちは一番のごちそうなのです。

もちは、やわらかいつきたてに衣をからめて食べます。かつては自宅で婚礼があると、「もち本膳」といってあんこもち、雑煮、料理もち（菜にあたるもち）、大根おろし、たくあんを膳に組み、お客様をもてなしました。正月ももち料理で、雑煮とあんこの他に数種類を食べます。一関市の花泉町ではここに紹介した麦芽あめをからめたあめもちと、近くの池でとれる沼えびを使ったえびもちが昔から欠かせません。仏事には、一関市の中心部ではしょうがの辛味がきいたしょうがもちを出します。

もちの食べ方はたくさんありますが、一度につくるのはたいてい2〜3種類です。食べたいときにもつくので多くの家庭にもちつき機があり、もち料理ができずに嫁入りしても上手になるそうです。

協力＝佐々木善子、阿部幸子
著作委員＝髙橋秀子

撮影／奥山淳志

<つくり方> 4人分（もち8個分）

【あめもち】
麦芽あめ大さじ4に同量の水を加え、火にかけながらゆるめる。もちを入れてあめをからめ、きな粉をふる。

【えびもち】
沼エビ60gを鍋に入れ、酒大さじ2、醤油大さじ1を加えて炒る。もちを入れてエビをまぶす。

【しょうがもち】
戻した干し椎茸4個とにんじんをせん切りにして、だし汁2カップで煮る。醤油大さじ1と1/2、酒、みりん各少々で味をつけ、水溶きかたくり粉でとろみをつけ、しょうが30gのしぼり汁を加える。ここにもちを入れる。

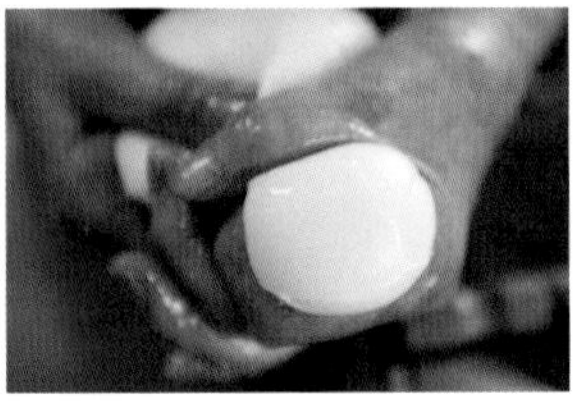

もちは親指と人差し指で輪をつくってはさんでちぎる。つきたてをご飯の保温ジャーに入れておくと、やわらかい状態を保てる。コシのあるもちは、こがねもち（もち米の品種）を使用

撮影／高木あつ子

〈秋田県〉

バターもち

　バターもちは、もちにバター、卵黄、砂糖などを混ぜてつくったもち菓子で、甘さとバターの風味、口当たりのやわらかさが特徴です。県北部、北秋田市の阿仁前田《あにまえだ》地区を中心に、昭和の中頃から各家庭でつくられ、おやつや携行食として親しまれてきました。

　北秋田市阿仁のマタギ地域では、広く北海道まで行商をしていたことから、バターは容易に入手できる食材でした。それを利用し工夫して、地域の女性たちがバターもちをつくり出したとされています。また、マタギが冬に狩猟で山に入るとき、「寒くてもかたくなりにくい」バターもちが携行食として重宝されたともいわれています。

　米の不作が多かった土地柄、米を大切にする工夫がなされ、今も「餅っこまつり」など季節を問わず手づくりもちのイベントが行なわれています。バターもちは郷土菓子として食べられており、家庭でも簡単につくれてバター、卵、砂糖の量の加減や整形の仕方の工夫で、子どもから大人まで好みの味で楽しめます。

協力＝田村弘子　著作委員＝長沼誠子

＜材料＞ 流し型（28×21×4cm）1個分

もち米…5カップ（750g）
砂糖…250g
小麦粉…30g
バター（有塩）…50g
卵黄…2個分
湯（しとり用）…50mℓ
打ち粉（かたくり粉）…適量

＜つくり方＞

1 もち米を洗って一晩水に浸す。
2 もち米を蒸す。
3 蒸し上がったもち米をもちつき機でつく。
4 バターは湯せんにして溶かす。
5 3に砂糖と小麦粉を加えて混ぜ、バター、卵黄を少しずつ加えてへらでよく混ぜる。
6 状態をみながら、しとり用の湯を少しずつ入れて、もちをつき上げる。
7 かたくり粉を薄くまぶしたバットにもちを流し入れて形を整え、冷めてから好みの大きさに切る。

〈山形県〉

味噌もち

県南の米沢市と周辺の置賜《おきたま》地方では昔から、味噌と砂糖で味をつけ、くるみや大豆などを入れてついた味噌もちがつくられてきました。甘じょっぱい味にくるみのコクが加わったもちは焼いてそのまま食べるもので、昔も今も冬のおやつの定番です。

昔は臼でつきましたが、今は1升づき、2升づきなどのもちつき機を使います。家で食べる分だけではなく、帰省した家族にお土産に持たせたり、遠い親戚に送ったりするので、何回もつくそうです。手間暇がかかるのでもち屋やスーパーなどで買う人も増えていますが、味噌と砂糖の分量や混ぜるものに家ごとのこだわりがあり、家の味噌もちが一番おいしいといいます。

味噌もちは、味噌の麹菌が生きているとやわらかいままで、かたくなりません。母親から、生味噌を使うときは味噌にしっかり火を通さないとかたくならないと教えられ、臼でついていたときは生味噌を小鍋で火にかけ、よく練って加えたそうです。

協力＝神保道子　著作委員＝宮地洋子

撮影／長野陽一

<材料> 1升分

もち米…1升（1.5kg）
味噌…120g
大豆（青豆）…150g
きび砂糖…120g
鬼ぐるみ…100g
◎他に、ごまを入れることもある。

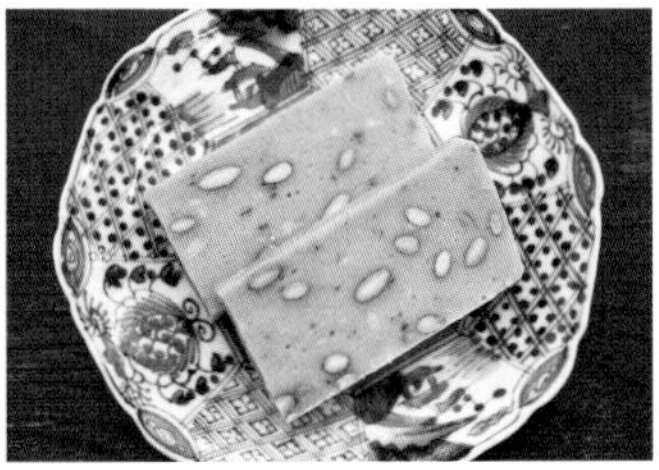

焼く前の味噌もち。1週間以上保存するときは冷蔵する。冷凍すると1～2カ月保存できる

◎大豆は洗ってすぐに使う。水を吸うとやわらかくなり、ついている間に皮がはがれたり、豆が砕けたりする。

◎味噌は必ず加熱すること。加熱しないと麹菌の酵素が働いてもちがかたくならない。砂糖と一緒に火にかけ、よく練って加えてもよい。

◎もちをA4サイズ程度の菓子箱に固めた場合、縦半分に切り厚さ7～8mmに切り分けると、焦がさずふっくらと焼ける。

<つくり方>

1 もち米は洗って一晩（6時間以上）水に浸し、ザルにあげる。
2 大豆は使う直前に水で洗う。
3 もちつき機に米を入れ、その上に味噌と大豆をのせて約1時間一緒に蒸す。
4 蒸し上がったら砂糖を全体にふりかける。砂糖が溶けるので、その上にくるみを散らし、もちがなめらかになるまで15～20分つく。
5 適当な大きさの菓子箱にラップを敷き、つき上がったもちを入れる。ある程度熱が抜けたところでもちの上面をラップでおおい、乾燥を防ぐ。
6 1日おいて切れるかたさになったら、食べやすい大きさに切る。厚さが1cm以上あると焼くのに時間がかかり焦げやすくなる。
7 網で焼いて食べる。

〈福島県〉

豆腐もち

撮影／長野陽一

＜材料＞ 4個分

つきたてのもち
　…50g程度のもち4個
豆腐…1丁（300〜350g）
醤油、みりん…各大さじ2
油…大さじ2

＜つくり方＞

1. 鍋に油を熱し、水きりした豆腐を手でちぎりながら入れ、木べらでさらにつぶしながら炒める（写真①）。
2. 調味料を加えてさらに炒める。
3. 食べやすい大きさにちぎったもちを鍋に入れてからめる（写真②）。

炒めたキャベツを醤油とみりんで味つけ、もちにからめたキャベツもち

猪苗代湖《いなわしろこ》の南に位置する郡山市湖南町《こなんまち》周辺は昔から豪雪地帯で、場所によっては冬場、交通の便が断たれてしまうところもありました。そのため自給自足が基本で、独自の食文化が育まれてきました。豆腐もちもその一つです。豆腐ともちとは見慣れない組み合わせですが、醤油とみりんで味つけした豆腐がもちとよく合い、なめらかでとろりとした独特の食感がおいしいのです。今では手軽に手に入る豆腐も以前は家でつくっていたので、豆腐もちは手間のかかる貴重な食べものでした。湖南町だけでなく郡山の西部から猪苗代湖周辺でも食べられてきました。

このあたりではもちが一番のごちそうで、正月やひなの節句、祝いごとがあるとつくりました。普段の食事は質素だったので、もちが出る日は大人も子どもも楽しみでした。豆腐もち以外にもあんこもちや醤油仕立ての汁にもちを入れたつゆもち、ずんだもちや大根もち、キャベツもちなど、あるもので何種類も用意しました。

協力＝桑名美代
著作委員＝柳沼和子

〈福島県〉

凍《し》みもちのえごま和え

阿武隈《あぶくま》地域には、昔から凍み豆腐や凍み大根など、冬の寒さを利用してつくる保存食があり、凍みもちもその一つです。標高400〜600mの鮫川村では、気温がマイナス20℃前後になる1月末頃に、もち米と一緒にうるち米粉とごんぼっぱ（オヤマボクチの葉）をついてもちをつくり、スライスしたものを2カ月ほど干します。寒ければ寒いほどもちに含まれる水分の結晶は大きくなり、水で戻しやすく、つきたてもちのようなやわらかい食感になります。

ごんぼっぱを入れるのは、もちが乾燥したときに割れないようにするため。もち米が貴重だった頃は、もち米の2倍のうるち米粉を入れていましたが、ごんぼっぱの長くて細い繊維がつなぎになるので、なめらかなもちになります。

凍みもちには甘くてコクのあるじゅうね（えごま）だれがよく合います。ごんぼっぱの香りがするもちと独特な風味のじゅうねはくせになる組み合わせで、みんなが好きな味です。

協力＝関根のぶ子、鈴木治男
著作委員＝福永淑子

凍みもち

＜材料＞ 長さ90cmほどのなまこ型2本分

もち米…3kg
うるち米粉…1.2kg
熱湯…1ℓほど
オヤマボクチの葉（乾燥）…200g
重曹…2〜3g
打ち粉（うるち米粉）…適量

長さ90cm程度の雨どい2個

オヤマボクチの葉と花を乾燥させたもの。キク科の多年草で自生している。5月末から6月中旬に大きくなった葉を収穫して保存する

＜つくり方＞

1 もち米を洗い、半日程度水につけておく。
2 大鍋に湯を沸かし、重曹を入れたところにオヤマボクチを入れて30分ほど煮て戻す。黒い水が出なくなるまで5〜6回水を取り替えながら洗う。しぼって水けをきる。
3 米粉に**2**を加えて混ぜる。熱湯を少しずつ加えながら箸でかき混ぜ（写真①）、生地が耳たぶくらいのかたさになるまでこねる。
4 **1**の水けをきり、蒸かし布を敷いた蒸し器に入れる。**3**を1つ50gくらいの大きさにちぎってすき間ができるようにもち米の上にのせ（写真②）、30分ほど蒸す。
5 **4**をもちつき機に移し、10分ほどつく。
6 打ち粉をしたのし板にもちをとる。型に入りやすいよう、なまこ形に整えてから、雨どいの型に入れて（写真③）一晩おく。型にはあらかじめポリ袋を敷いておくともちがとり出しやすい。
7 翌日、もちが少しかたまってきたら、厚さ1.5cm程度に切る。
8 **7**のもちをつりさげられるよう1枚1枚すだれ状にひもで編む。
9 1時間ほど水につけ、屋外に一昼夜つるして凍らせる。
10 翌日、屋内で一昼夜陰干しする。
11 軒下につるし、2カ月ほど乾燥させる。

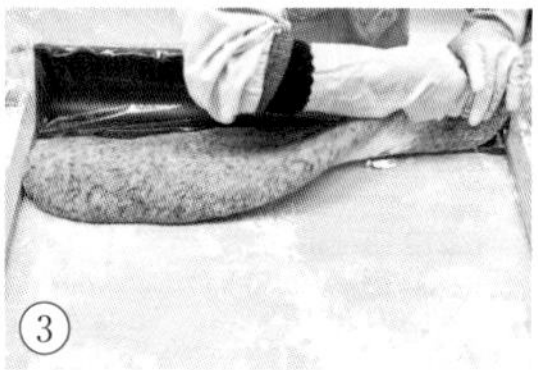

凍みもちのえごま和え

＜材料＞ 5人分

凍みもち…10枚
えごま…大さじ4
砂糖…大さじ2
醤油…小さじ3

＜つくり方＞

1 凍みもちは2時間ほど水に浸して戻してから、水けをきり、蒸し器で10分ほど蒸す。
2 えごまはさっと炒り、すり鉢で油が浮いてくるまでよくする。砂糖と醤油を加えてすり混ぜ、味を調える。
3 **1**のもちに**2**をからめて盛る。

戻して焼き、醤油と砂糖のたれをからめた凍みもち（上）や、小さく切ってきな粉やえごまをまぶした凍みもち、衣をつけて揚げた凍み天（下）などさまざまな食べ方がある

凍みもち

凍みもちのえごま和え

撮影／長野陽一

撮影／五十嵐公

＜材料＞ 1.5kgのなまこ形1本分

もち米…3.5合
うるち米…1.5合
塩…小さじ2(10g)
青のり…大さじ3と1/3(10g)
白ごま…大さじ2強(20g)
打ち粉(かたくり粉)…適量

＜つくり方＞

1. もち米は洗って一晩、うるち米は洗って1時間水につける。
2. 1を合わせて水をきり、蒸し器で1時間蒸す。
3. もちつき機でつきながら、塩、青のり、白ごまを混ぜる。
4. なまこ形に整え、打ち粉をまぶす。
5. 1時間ほどおいてかたくならないうちに1cmほどの厚さに切っておく。かたくなったら焼いて食べる。

〈茨城県〉

たがねもち

　県南の石岡市やかすみがうら市、土浦市で食べられている、青のりを混ぜた緑色の半円形のもちで、草もちのようですが、焼くと草もちとは違う独特の香りがします。正月や人寄せのとき、普段でも多めにつくり近所にも配って皆で楽しむものでした。今は石岡市内の菓子店で一年中販売され、商店街の店先では店主がたがねもちで夕食前の空腹を満たす姿を見かけるほど親しまれています。もち米7：うるち米3でつくる場合が多いですが、昔は5：5ともち米の割合が少ないものもありました。

　たがねは生米を浸水してついて固めた「しとぎ」の古語といわれています。鹿行《ろっこう》地域の鉾田《ほこた》市では、しその実を混ぜたもちを雨どいで半月形に成型し、乾燥させたものを正月にたがねもちとして食べていました。県北の大子《だいご》町では、大豆と白ごまを混ぜたもちを縦に割った太竹に詰めて半円形にし、たがねもちをつくっていました。県内各地にさまざまなたがねもちがあったようです。

協力＝敦賀春江、堀越悦子、大岡芳子
著作委員＝荒田玲子

〈栃木県〉

ばんだいもち

日光市の北部、福島県に接する旧栗山村に伝わる、うるち米をついたもちです。きめ細かくやわらかで、もっちり感はありますが、粘りすぎずに噛みきりやすいです。「ばんだい」は板台のことで、昔は板の上でついたのでこう呼ぶといわれます。

栗山村は山間地で、沢水が冷たすぎて田では水稲が育たず、陸稲《おかぼ》が少量できるだけだったそうです。米は主に買うもので、高価なもち米はなかなか使えませんでした。

食べ方には、魚の汁に入れる場合と、じゅうね味噌をつけて食べるおやつ感覚のものとがあります。かつては囲炉裏端で焼いた岩魚《いわな》で汁をつくり、もちを入れました。汁の中で岩魚の頭を持ってゆらゆらと振ると、身がほぐれて食べやすかったそうです。

昭和30年代以降は囲炉裏も姿を消し、鯖の水煮缶を使うようになりました。もちに豆腐、魚が入った汁はごちそうで、冠婚葬祭はもちろん、人が集まる事日《ことび》には必ずつくったということです。

協力＝山口久子
著作委員＝藤田睦、名倉秀子

撮影／五十嵐公

<材料> 4人分

うるち米…500g
水…600mℓ

- 鯖水煮缶…1缶（150g）
- 大根…5cm（200g）
- 豆腐…2/3丁（200g）
- 醤油…大さじ3
- 水…3カップ

<つくり方>

1. 米はすし飯程度のかたさに炊く（水が多いともちがやわらくておいしくない）。
2. もちつき機でつく。もち米より空回りしやすいので、しゃもじで押さえながら粘りが出るまでつく。1個約60gに分け、平らに丸める。
3. 大根を鬼おろしですりおろす。
4. 鍋に水と鯖水煮缶を汁ごと入れ、沸騰したところに3の大根を加える。大根に火が通ったら、豆腐をちぎりながら加える。最後に醤油を加えて味を調える。
5. 2のもちを器に入れ、上から汁をかけて食べる。もちがかたくなったら汁の中に入れて煮るとよい。

じゅうね味噌で食べるばんだいもち

じゅうね（えごま）50gを香ばしくなるまで、焦げないように弱火でゆっくり炒る。すり鉢ですりながら熱湯大さじ4を2回に分けて加え、砂糖大さじ4と味噌大さじ2を加えてさらによくする。もちにからめて食べる。

〈群馬県〉

きみもち

片品《かたしな》村は尾瀬国立公園の麓《ふもと》にあり、関東唯一の特別豪雪地帯です。山に囲まれた冷涼な気候で米が十分にとれなかったので、あわ、きみ(きび)、ひえ、もろこしなどの雑穀や、大麦、小麦、豆類などをつくり、米のかさ増しにしてきました。

雑穀の中でもきみ(黄実)は黄金色の美しい色合いで銭小金を表すことから、村の中ではぼたもちにして神棚へ供える地域もありました。甘味があり冷めてももちもち感が残り食べやすいので、もちに混ぜてつき、自家製の味噌でつくったえごま味噌をつけたり、小豆あんを入れて丸めたもちにもしました。

きみもちは厚めにのして小さめに切ると、外はこんがりぱりっと焼け、中はもっちり感が残ります。もち米のもちよりのびは少ないですが、その分軽い感じで歯切れがよく食べごたえを楽しむのです。雑穀の栽培は手間がかかりしだいにつくられなくなったので、きみもちをつくって近所におすそ分けをすると、特有の風味が懐かしいと喜ばれるそうです。

協力=星野秀子　著作委員=永井由美子

撮影／高木あつ子

<材料> 4人分

もち米…800g
きみ(きび)…200g

◎きみはもち米の3割程度がおいしい。5割にしてももちはできるが、きみのにおいが強くなる。

<つくり方>

1 もち米は洗って一晩水に浸す。きみは洗って30分ほど水に浸してアクを抜く。
2 水きりしたのち、もち米にきみを混ぜ、強火で30分、せいろで蒸す。
3 きみの粒がなくなるまで、もちつき機でつく。
4 A4サイズの菓子の空き箱にオーブン用シートを敷き、シートではさむようにして厚さ2㎝程度にのす。打ち粉を使わないので、きれいな黄金色になる。
5 3〜4時間おき、包丁が入れやすい状態になったら3×5㎝ぐらいの大きさに切る。

撮影／長野陽一

<材料> 12個分

もち米…700g
かたくり粉…100g
小豆…300g
塩…8〜10g

<つくり方>

1 小豆を洗い、鍋に入れ、豆がかぶるくらいの水を注いで強火にかけ、沸騰後びっくり水（たっぷりの水）を加える。びっくり水でゆで汁の温度を50℃程度に下げることで、豆の表面と中の温度差をならし、煮えむらをなくす。
2 ゆで汁は豆がかぶるくらいの量になるまで捨てて再沸騰させ、同様にびっくり水を加える。
3 2の操作をもう一度繰り返す。
4 ザルにあげてゆで汁をきり、ザルごと流水で豆の表面に付着した渋みを洗い流す（渋切り）。
5 豆がかぶるくらいの水を入れて強火にかけ、ゆで汁がなくなったら湯を足し、豆が指で押してつぶれるまで30〜60分ゆでる。
6 小豆に塩を加えてよく練りながら、水分がなくなり、まとまるかたさになるまで煮つめる。塩あんを12個（約60g）に分けて丸める。
7 もち米は洗って一晩水につけておき、ザルにあげて水きりし、蒸した後、もちにつく。
8 もちにかたくり粉をふり、12等分（約90〜100g）する。あんをくるみ、形を整える。

〈埼玉県〉

塩あんびん

塩味のあんをもちで包んだ甘くない大福で、入手しにくかった砂糖に比べて塩は少量で味がつくので、昔はくず米と小豆で、大きな塩あんびんがつくられていました。塩あんは普通のあんより粘りが少なく、やや淡く白っぽい色です。全体にほどよい塩味で、噛んでいるともちそのものの甘味を感じられます。つきたてはやわらかく、そのまま食べます。砂糖や砂糖醤油をつけたり、かたくなったら焼いたり、丸のまま揚げたりもします。

昭和初期から40年頃まで県北東部の水田地帯において、収穫のお祝いやお礼、お祭り、お彼岸、初節句、十五夜、お蚕《かいこ》休みなどにつくって、重箱に詰めて農作業の手伝いの人や親戚などに配られました。地域によっては法事にもつくられていました。

現在は地域の和菓子店でも売られています。甘い大福は小さく、塩あんびんはやや大きくつくっていましたが、今はお年寄りが食べやすいようにと、昔の半分くらいの大きさのものもあります。

協力＝芝崎本実、林綾子
著作委員＝名倉秀子

〈千葉県〉

性学《せいがく》もち

県中央部に位置する山武《さんぶ》地域は豊かな稲作地帯で、ご飯をたっぷり使う太巻きずしづくりも盛んです。しかし江戸時代は米は年貢で、農民の口にはなかなか入りませんでした。そんな時代に「性学」という実践道徳で農村を指導した大原幽学《ゆうがく》が考案したのが、うるち米のくず米からつくる性学もちです。うるち米つき抜きもち、棒もちとも呼ばれます。通常のもちのようにはのびず、それほどべたつかないので調理しやすく、歯切れがよいので幼児や高齢者も安心して食べられます。そのため今でも食べ継がれています。

性学もちのつくり方はとても特殊です。米は粒のまま35～40分蒸し、その途中で米をとり出し「洗う」という処理が入ります。もち米なら1～2回の振り水で足りる水分が、うるち米では足りないので洗うのです。その後つくのは普通のもちと同じです。しかし洗う方法では、水きりの加減が難しいため、かつては家で米からつくっていた性学もちも、今では買ってきて調理するものに変化しました。

協力＝小西利子　著作委員＝柳沢幸江

撮影／高木あつ子

＜材料＞4人分

性学もち（棒もち）…4本（400g）

【甘辛だれ】

水…100mℓ

砂糖…50g

醤油…大さじ2

┌かたくり粉…大さじ1
└水…大さじ2

＜つくり方＞

1. 棒状になっている性学もちは、1本を食べやすい大きさに切る（6～8切れ程度）。
2. 1を湯で約5分ゆでてやわらかくする。
3. ザルにとって水けをきり、器に盛る。
4. 鍋に水、砂糖、醤油を入れ溶かしながら温めて、水溶きかたくり粉を加えとろみがついたら火を止め、3にかけていただく。

◎醤油や砂糖醤油をつけて焼き、のりを巻いた磯辺風もおいしい。

撮影／高木あつ子

〈山梨県〉

あべ川もち

山梨県の銘菓として有名な「信《しん》玄餅《げんもち》」の原型と考えられており、薄くてやわらかいのしもちに黒蜜ときな粉をかけて食べます。きな粉やこしあんをまぶした静岡県の安倍川もちとはまた違ったものです。県西部の南アルプス市では正月だけではなく、旧暦のお盆にももちをつき、この菓子をつくり仏様にお供えし、また来客にも出します。

あべ川もちは盆飾りの台にお供えし、8月14、15、16日に家族で食べました。これを食事にする場合は、醤油味のすまし汁、酢の物、ゆでたなすのからし和え、焼きなす、トマト、焼き魚などをつけました。昭和40年頃までは、お盆の16日の朝はお盆さんを送るので、なすでつくった馬の背中にお供えしたもちをのせて、かぼちゃの葉などで包んでひもでしばり、水の流れのあるところへ持って行きました。

今はのしもちは、地元の饅頭屋に頼む人もいますし、お盆になるとスーパーでもきな粉と黒蜜もセットで売られます。簡単につくれて、年齢を問わず好まれています。

協力＝沢登すみ子、沢登京子
著作委員＝柘植光代

<材料> 1人分

のしもち*…2〜3枚（1枚約30g）
黒蜜…大さじ4〜6
きな粉…大さじ4〜6

<つくり方>

1 のしもちはやわらかい場合はそのまま使う。かたければ熱湯に通してやわらかくなったら皿にとり出す。

2 黒蜜ときな粉を別々の器に入れる。まずもちに黒蜜をかけてからめ、次にきな粉をまぶして、銘々皿に盛る。好みにより、後から黒蜜少々をかける。

*のしもちは、もち1升分（約2kg）を60枚に切り分ける。大きさは雑煮用と同程度、厚みは少し薄い7〜8㎜程度。

撮影／五十嵐公

＜材料＞ 直径5cm、長さ15cmのもち1本分

うるち米粉（おはたき粉）…200g
水…180mℓ
打ち粉（かたくり粉または上新粉）…適量
きな粉、砂糖、塩…適量
のり、醤油…適量

＜つくり方＞

1. うるち米粉に分量の水を少しずつ加え、混ぜる。にぎったときにまとまるくらいが目安。
2. 1の生地をにぎりこぶしくらいの大きさで、5～6個に手でちぎり、蒸し布を敷いた蒸し器に重ならないように並べ、強火で40分蒸す。
3. もちつき機に移して約5分つく。すり鉢とすりこぎでひとまとまりになるようについてもよい。
4. まとまったら熱いうちに打ち粉をした台に移し、手で棒状にのばす。ラップに包んで形を整える。
5. 4がかたくなったら1cm厚さに切る（写真①）。軽く水にくぐらせた後、フライパンに油をひかずに並べ、両面を軽く焼き色がつく程度に焼く。醤油をつけてのりで巻いたり、きな粉もちにしたりする。汁物には焼かずに入れる。

①

〈静岡県〉

おはたきもち

県西部の遠州地方で江戸時代から食べられている「うるち米」のもちです。名前の由来は、米を粉にすることを地域では「はたく」というから、米の選別（ふるい分け）の際、「はたいた」ときに落ちるくず米を使うから、袋や俵を最後まで「はたき」出して使うからなど、諸説あります。袋井市など大井川と天竜川にはさまれた地域は水田地帯で、昔は、米収穫後に出たくず米やくず米粉からつくり、秋から冬に食べられました。この地域の人たちの「もったいない」の心から生まれた料理といえます。

以前はくず米でつくっていたため、食感もボソボソしており、色も黒かったそうですが、現在は普通の米粉でつくるので、色は白く、食感もなめらかになっています。もち米のもちと違って味はあっさりしており、ふくらまず、粘りはありません。汁の中でやわらかく溶けないことも特徴です。のどに詰まらないからお年寄りでも安心して食べられると、焼いてきな粉にからめたり、ゆでて正月の雑煮やぜんざいに入れたりします。

協力＝神谷美登里　著作委員＝村上陽子

〈滋賀県〉

栃《とち》もちのぜんざい

湖西に位置する朽木村《くつき》（現高島市）は標高500～900mの山々に囲まれた地域です。耕地が少なく日照時間も短いため、米や農作物が貴重品で、栃の実が大事な食糧でした。乾かした実は保存がきくので、年中栃もちをついては、焼いたり、ぜんざいやあられ、かきもちにして食べました。

拾った栃の実からもちができるまでは、1年以上もの時間と高度な技術が必要です。とくに、アクを抜く際に入れる灰の量の加減が難しく、少ないともちがどろどろになって苦くて食べられないものになり、多すぎると味も香りもなくなってしまいます。上手にできたもちはちょうどよいほろ苦さで、栃独特の香りがします。小豆との相性は抜群で、栃もち入りの甘いぜんざいを食べると、アク抜きの手間も惜しくはないと思えます。

朽木の谷筋には樹齢500年以上にもなる栃の木があり、9月頃になると村の人たちはそこで熟してぽたぽた落ちてきた実を拾い、一人で30～40kgほど詰めた麻袋を背負って山から下りてきました。

協力＝河合広茂　著作委員＝山岡ひとみ

＜材料＞

【栃もち】つくりやすい分量
もち米…2升
アク抜きした栃の実*…600g
打ち粉（かたくり粉）…適量

【栃もちのぜんざい】4人分
栃もち…4個
小豆…150g
砂糖…150g
塩…小さじ1/4

＜つくり方＞

1 もち米は洗って一晩水につけ、栃の実と一緒に45分蒸す。
2 1をもちつき機で10分程度つく。打ち粉をした台に移し、1個50g程度の大きさにちぎって丸める。
3 ぜんざいをつくる。小豆と3倍量の水を鍋に入れ、火にかける。沸騰したら1カップの差し水をする。再度沸騰したら煮汁を捨てる。
4 4倍量の水を加えて強火にかけ、沸騰したら弱火にする。煮汁が常に豆の上まであるように差し水をしながら、小豆が指でつぶれるくらいやわらかくなるまで煮る。
5 煮汁がひたひたになるまで煮つめ、砂糖を加えて大きく混ぜ、ひと煮立ちしたら火を止める。冷まして味を含ませる。
6 水1カップを加えて火にかける。ひと煮立ちしたら、塩を加えて火を止める。
7 栃もちを焼き、お椀に入れてから6を注ぐ。

撮影／長野陽一

*栃の実は採取後、1週間水につけてから1～3週間ほど干し、1年間おく。その後、夏なら5日間、冬なら10日間程度水につける。ぬるま湯につけて鬼皮をやわらかくし、皮をむく。中の実をボウルに入れ、熱湯をかけて浮いてきたゴミを流す。これを4回繰り返す。実に同重量から2倍重量の灰をまぶし、熱湯をかけてかき回し、灰汁を捨てる。これを3回繰り返し、流水に1時間ほどさらす。実をかじり、口が少しひりひりするくらいがちょうどよい。

鬼皮に包まれた栃の実。このままではアクが強く食べられない

〈大阪府〉

くるみもち

「くるみ」といっても木の実の胡桃《くるみ》ではありません。つきたてのもちをあんで包むので「くるみもち」と呼ばれます。府南部の岸和田市では、ほんのり薄茶色で風味豊かな大豆あんのくるみもちが今もだんじり（秋祭り）に欠かせない一品です。もちは手水を多めにして、やわらかくつき上げます。大きな鍋でゆっくりと煮たあんはトロトロとやわらかに仕上げて、もちをくるみました。ここでは少量でもつくれるように、白玉粉でつくるレシピを紹介しています。

昭和35年頃、守口市などの北河内、富《とん》田《だ》林《ばやし》市などの南河内では、秋祭りに枝豆であんをつくることもありました。緑が鮮やかでとてもおいしいものですが、今は家庭ではあまりつくらないようです。大阪市内や堺市などの家庭では、休日などに堺の老舗和菓子屋に食べに行ったり、おみやげに買ってくるものです。くるみもちの上にかき氷をふわっとのせたものを店で食べたことは、夏のおいしい思い出だと語る人もいます。

協力＝久禮優子、久禮弘子、吉村育子
著作委員＝八木千鶴

撮影／高木あつ子

＜材料＞4〜5個分

大豆…100g
┌砂糖…40〜50g
└塩…ひとつまみ
白玉粉…100g
水…100mℓ

＜つくり方＞

1 大豆あんをつくる。大豆は水洗いして一晩水につけて、やわらかく指でつぶれるくらいまでゆでる。
2 ゆで水を一部残しておき、ゆでた大豆を水にさらして、浮いてくる皮をとる。
3 ミキサーに2の豆を入れ、豆がちょうどつかるくらいのゆで水を加えてなめらかになるまでつぶす。
4 3を万能こし器で一度こしてから鍋に入れ、弱火でゆっくり煮つめて余分な水分を飛ばす。
5 かき混ぜたとき鍋底が見えるくらい、もちにからみやすいやわらかさになったら、砂糖と塩を加えて均一に溶かし、甘さを確認して火を止める。
6 もちをつくる。白玉粉に水を加えてこね、耳たぶくらいのかたさになったら4〜5等分にし、円盤状に丸める。
7 静かに沸騰している湯に入れ、鍋底から浮き上がったら、さらに1分間ゆでて水にとる。
8 7のもちに冷めた5のあんをたっぷりからめて食べる。

枝豆あんのつくり方

枝豆は、さやつきのまま塩を入れた熱湯で30分ゆで、実をとり出して薄皮をとる（正味約200g）。砂糖100gと水150mℓで溶き、少し煮つめてシロップをつくる。枝豆をミキサーにかけ、シロップを2〜3回に分けて加え、あんの甘さとかたさを調節する。

枝豆あんでつくったくるみもち

〈徳島県〉

いももち

徳島県では、昔から亥《い》の月（10月）の最初の亥の日になると、収穫を感謝し、土地の神様をまつる行事「お亥の子さん」が行なわれます。このときつくるのがいももちです。以前はいもと一緒に蒸したもち米をつきこんでいましたが、最近では手軽に使えるもち粉やだんご粉を入れます。いもがたっぷり使われているため歯切れがよく、素朴な甘さを楽しめます。

阿波《あわ》市周辺では、もちの生地によもぎを混ぜこみ、そら豆あんを包みます。以前はどこの家でも田んぼの畔《あぜ》にそら豆を植えていたので、あんこというとそら豆あんで、一年中使えるよう乾燥豆を保存し、おはぎもそら豆あんでつくりました。小豆あんよりあっさりしており、新しい豆でつくると豆の青い香りがしてまたおいしいのです。

かつては正月やお祝いごとなど、人が大勢集まるときには「いももちつくろうか」といってよくつくりました。お亥の子さんでは、かき混ぜと呼ばれる五目ずしも一緒につくり、お供えしたあと家族や親戚で集まって食べました。

協力＝加藤ハル子　著作委員＝三木章江

撮影／長野陽一

＜材料＞ 45個分

さつまいも…2.5kg
もち粉…140g
上新粉…210g
よもぎ（ゆでて水けをきったもの）…30g
砂糖…280g
塩…20g
きな粉（うぐいす粉）…200g
そら豆あん*…1.5kg程度

＜つくり方＞

1 さつまいもの皮をむき、5mm厚さの輪切りにし、水につけてアク抜きをする。
2 1をザルにあげ、蒸し器で蒸し、やわらかくなったらすりこぎでつぶし、もちつき機でつく。
3 もち粉と上新粉、よもぎを加えてつく。ソフトボール大にちぎって丸め、蒸し器で20〜30分蒸す。
4 もちつき機でつき、まとまってきたら砂糖と塩を加える。表面がなめらかになったらつき上がり。つきすぎてハリがなくなった場合は、冷めるまでおいてからとり出す。
5 きな粉を敷いたバットの上に出し、1個55gほどに分けて丸める。そら豆あんを1個35gほどに丸めてもちで包み、厚さ2.5cmほどの丸形に整える。

*乾燥そら豆700gを一晩水につける。鍋に豆とたっぷりの水を入れ、やわらかくなるまで煮てザルにあげる。水を加えながら裏ごす。こしたものをこし袋に入れて流水中でよくもむ。こし袋から出したあんと砂糖600〜700gを鍋に入れて弱火にかけ、混ぜながら水分を飛ばして煮つめ、へらで鍋底をかくと跡が残るようになったら塩3gと水あめ20gを加える。

この年のそら豆でつくったあん（左）と2年前にとれたそら豆でつくったあん

〈高知県〉

きらずもち

県中央部に位置する佐川《さかわ》町でつくられているきらず（おから）を使ったもちです。きらずともち米を同量混ぜてついてあるので、歯切れがよく食べやすくなっています。あんを包みきび粉をまぶしたもちは、甘すぎずあっさりとしており、ひとつ、またひとつと手が伸びる素朴なおいしさです。きび粉は、硬粒種のとうきび（とうもろこし）を炒って粉にしたもので、独特のうま味や甘味があります。県の山間部では日ごろからとうきびをご飯やおじやなどに使っており、身近なものでした。

佐川町は盆地のためか、独自の食文化が残っている場所で、正月にきらずもちをつき、お盆のお返しに山椒もちを渡す風習がありました。今ではきらずはいつでも手に入りますが、以前は大豆が貴重だったため、正月用の豆腐を新豆の大豆でつくったときしか、きらずもちをつくれなかったそうです。子どもたちは豆腐よりもむしろ、きらずもちが食べられることのほうがうれしかったといいます。

協力＝岡崎たみ、西森美佐
著作委員＝福留奈美

撮影／長野陽一

＜材料＞ 20個分

もち米…250g
おから…250g
砂糖…50g
塩…小さじ1強（7g）
あん…400g
きび粉（きな粉でもよい）…約80g

＜つくり方＞

1. もち米を一晩水につけておく。
2. 蒸し器に蒸し布を敷き、もち米を広げて強火で30分蒸す。
3. 蒸し布で包んだおからを上にのせ、さらに30分蒸す。
4. もちつき機に、蒸したもち米、砂糖、塩を入れてつく。
5. なめらかになったら、蒸したおからを加えて均一になるまでつく。
6. あんを20等分して丸めておく。
7. バットに**5**を出し、手水をつけてピンポン玉くらいの大きさに20等分する。もちが温かいうちに手の上で広げ、あんを包み、バットに広げたきび粉をまわりにまぶして形を整える。

◎もちつき機でつくりやすい量を示したが、臼でつく場合は材料は4倍量以上にするとよい。

きらずもちの断面。ひと口大で食べやすい

ぼんしもち

〈福岡県〉

ぼんし粉という、うるちの砕け玄米をひいた粉を使ったもちで、もち米とよもぎ、塩を入れてつき上げます。弾力がありつつも、うるち米が入るので歯切れがよく、筑豊地域の山あいの盆地では冬場、焼いたり煮たりして食べてきました。田川郡赤村《あかむら》では、マッチ棒の大きさに切って、から炒りしたものを子どもたちは袋に入れて首からかけ、外で遊んでいてもお腹がすくとおやつにつまんだそうです。

もみすりや精米のときにできる砕け米は、昔は鶏のエサでした。現在80代の人は子どもの頃、米を年貢として納めると家にはあまり残らないので砕け米を石臼でひいて食べるようになったと、親から聞かされてきました。ぼんし粉だけだとまとまりにくく味もよくないのでもち米を入れますが、玄米の割合が高いのでボソボソで、小さいときはおいしいと思わなかったそうです。一度はすたれかけましたが、玄米を使ったもちは栄養があるため、地元の人たちが復活させ、直売所で販売しています。

協力＝中原弘子、小室孝子
著作委員＝八尋美希

撮影／長野陽一

＜材料＞ 20×7cmのケーキ型14本分

もち米…1升（1.5kg）
┌ぼんし粉（うるち玄米の粉）
│　…2升（3kg）
└水…1.9ℓ
よもぎ（ゆでて細かく刻んだもの）
　…150g
塩…60g
田楽味噌…適量
きな粉、砂糖、塩…適量

◎うるち米（ぼんし粉）ともち米の割合は6：4〜7：3。

ぼんし粉。市販の生玄米粉や、玄米をミルサーでだんご粉くらいに細かくひいた粉で代用できる

＜つくり方＞

1 もち米を洗い、一晩水にかし（浸し）、ザルにあげる。
2 大きなボウルにぼんし粉と分量の水を入れ混ぜ合わせる。粉と水が均一に混ざればよい。
3 せいろに蒸し布を敷き1を広げる。その上に2を広げ、強火で30〜40分蒸す。時間は火力で調整する。もち米がさわってやわらかくなり、ぼんし粉の生地につやが出ていれば蒸し上がり。白いときはまだ火が通っていない。
4 よもぎと塩を入れ、3をもちつき機でつく。
5 4を14等分し、ラップを敷いた型に入れる。乾燥しないように表面にもラップをかぶせ、きっちり巻いてそのまま冷ます。
6 1日たち、包丁ですっと切れるくらいのかたさになったら1cm幅に切る。焼いて田楽味噌やきな粉をつけたり、汁物に入れて煮る。バターや油で焼き、醤油を回しかけてもおいしい。

ぼんしもち。すぐに食べないときは切ってから冷凍する

酢もち

〈福岡県〉

撮影／長野陽一

<材料> 4人分

つきたてもち…200g
大根…1/3本（400g）
だいだい…1個
醤油…小さじ1
砂糖…小さじ2/3

<つくり方>

1 大根をすりおろす。
2 だいだいは果皮の苦味が入らないよう、真ん中を5cm幅のかつらむきにして皮を除き、半分に切り、汁をしぼる。
3 **1**に**2**と醤油、砂糖を入れて味を調える。
4 つきたてのもちをひと口大にちぎって**3**に入れる。

県東部の豊前《ぶぜん》の農村地域では正月のもちは、29日の9は苦につながると、12月27日か28日に臼と杵でついたものでした。つき上がったもちはまず、床飾りの鏡もちとして大事に丸めました。2臼、3臼目は鏡もちの1／4ほどの大きさのお供えもちです。10組ほどつくり、井戸や台所、子どもたちの机の上に供えました。次の臼では雑煮用の小もち（丸もち）をつきます。三が日中は「年の数ほど食べる」と競って食べるので、もろぶたに25枚ほど並びます。その横では子どもたちがもちをうさぎの形にして、南天の実を目に、葉を耳につくり飾ったりしました。

最後の臼では必ず酢もちをつくりました。裏の畑から大根を抜いてきてすりおろし、庭のだいだいのしぼり汁と醤油で味をつけたおろしに、温かいつきたてもちを入れて食べるのです。大根は胃腸の働きを助ける消化剤といわれ、その大根おろしの効果と甘酸っぱさでいくつでも食べられたものです。年末の寒空の下で食べる酢もちは忘れられない郷土の味です。

協力＝萩原郁子　著作委員＝新冨瑞生

〈熊本県〉

こっぱもち

　四方を海に囲まれた天草《あまくさ》の島々は、水田が少なく米が貴重であったため、畑で栽培されるからいも（さつまいも）を主食がわりにしていました。以前は晩秋になると家々で収穫したいもを輪切りにしてゆで、カラカラになるまで1カ月ほど天日に干し、「蒸しこっぱ」にしました。これともち米を蒸してつき混ぜたおやつがこっぱもちです。ゆでてから乾燥させたこっぱは甘味も風味も増しており、もち米と合わせることでやわらかな食感が楽しめます。最近はつくる家が減りましたが、かつては年末のもちつきで必ず白もちと一緒につくり、遠方に親族がいる人は贈答用に送っていました。

　いもを生のまま輪切りにして干した「白こっぱ」は粉にして使います。水と練って生地にして、ゆでてつぶしたからいもあんを包んで「こっぱだご」にしたり、生地をせん突きでついてゆで、麺の「ろくべえ」をつくったり、一年中、さまざまな形でからいもを食べていました。

協力＝吉永三代子、吉永三重子
著作委員＝小林康子

撮影／戸倉江里

＜材料＞ 400gのもち8個分

もち米…5合
こっぱ*…1kg
黒砂糖、上白糖…各330g
塩…小さじ1
きな粉…適量

*こっぱのつくり方…皮をむいたさつまいもを1cmにスライスにし、こっぱ突きで中心に穴をあける。稲わらを2本1組にし、1枚目のさつまいもにわらを1本通し、2枚目にもう1本のわらを通す。その後、3枚目は2本通す。その後も1本→1本→2本の順にわらを交互に通していく。交互に通すことでいもといもの間にすき間ができ、風通しがよくなる。50〜60cm長さになったら縛ってつなげ、ゆでて、天日で1カ月ほど乾燥させる。わらに通さず、干し網やカゴに並べて天日で乾燥させてもよい。

＜つくり方＞

1 もち米を洗い、一晩水につける。こっぱは洗ってやわらかくなるまで30分ほど水につける。こっぱのかたさにより、つける時間を調整する。
2 もち米とこっぱを別々の蒸し器に入れ、もち米は15分、こっぱは箸が通るようになるまで20〜30分ほどそれぞれ蒸す。
3 もち米を臼でつく。そこにすりこぎでつぶしたこっぱを加え、一緒につく。黒砂糖と上白糖、塩を加えてよく混ざるようにつき上げる。
4 きな粉を広げたもろぶたにとり上げて、4cmほどの厚さにのばす。
5 翌日、切れるかたさに固まったら、2cm×3cmほどの大きさに切り分ける。きな粉をまぶしながら切ると、包丁につかず切りやすい。

◎丸もちやあん入りにする場合もある。
◎かたくなったら焼いて食べてもおいしい。
◎冷蔵で1週間ほど保存できる。長期保存する場合は冷凍する。

〈宮崎県〉

ねりくり

宮崎県人が大好きな、県内各地でつくられているおやつです。県中東部の川南町ではねりくり、ぼたもち、他の地域ではねったぼ、ねったくりと、いずれも、やわらかくなったもちとさつまいもを練ってつくることから、こう呼ばれるようになりました。さつまいもが混ざっているので甘味があり、粘りが弱まって食べやすく、翌日でも箸で切れるくらいやわらかです。

年末、もちをつくときにもつくりましたが、ねりくりは杵と臼が汚れるので、つくるのは最後です。皮をむいたさつまいもをせいろで蒸しておき、もち米をついたところに加えて一緒につき上げます。もちとり粉の代わりにきな粉をもろぶたに敷き、たっぷりまぶして仕上げました。もちつき機を使うようになっても、1回目は鏡もち、2回目は丸もち、3回目はのしもち、4回目はねりくりと最後に必ずつくり、できたての熱々のねりくりを食べるのが、もちつきの楽しみでした。

協力＝濱田寛子
著作委員＝磯部由香

<材料> 4人分

さつまいも…2〜3本（550g）
もち…350g
砂糖…大さじ4（好みで黒砂糖でもよい）
塩…ひとつまみ
きな粉…適量

<つくり方>

1. さつまいもの皮をむき、5mm厚さに切って水にさらしアクを抜く。
2. 1を鍋に入れ、ひたひたの水を加えて中火にかける。いもがやわらかくなったら薄く切ったもちを上にのせ、弱火で煮る（写真①）。
3. もちがやわらかくなったら砂糖、塩を加え、いも粒がなくなるまで、すりこぎでつく。このとき水が多かったら捨てる。
4. バットや大きな皿にきな粉を敷き、しゃもじなどを使って3を流し入れる（写真②）。自然に広がるので、まとめて流していい。表面にきな粉がつかないように気をつける。
5. 箸で適当な大きさに切り、きな粉のついていない面を内側に折りたたんで丸くまとめ、周りにきな粉をまぶす（写真③）。

◎もちの表面にきな粉がつくと、あとでまとまらなくなる。

◎鏡もちなど乾いてかたくなったもちは、水に浸し、水もちにしてから使う。

撮影／高木あつ子

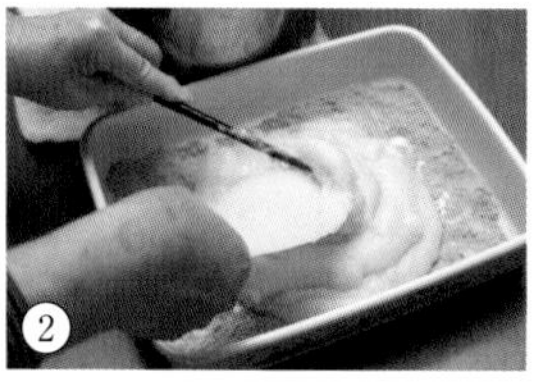

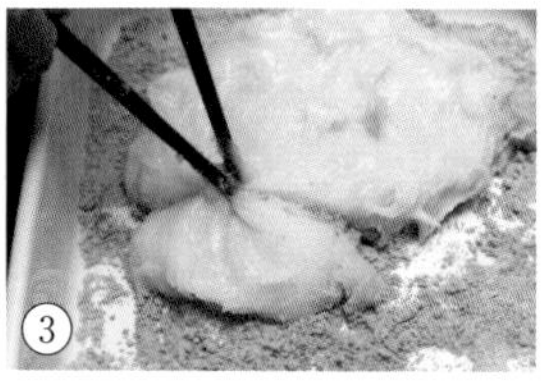

ねったぼ

〈鹿児島県〉

　さつまいもはシラス台地のやせた土地でも元気に育ち、風雨にも病虫害にも強いため、台風常襲地の鹿児島では昔から重要な作物です。そのため鹿児島にはさつまいもを生かした料理が多く、なかでももちやもち米をつき混ぜてつくるねったぼは、いもの甘味ときな粉の風味が生きた素朴なおいしさで、県内の多くの地域でつくられ、年代を問わず好まれてきました。

　つくり方は各家庭それぞれで、薩摩川内市のある家庭ではもち米といもがあれば炊飯器で手軽につくります。特別な日にというよりは、材料があるからお茶うけやおやつにしようかとさっとつくるものです。姶良《あいら》では、師走のもちつきには最後に蒸したさつまいもを混ぜてやわらかくつき、あんこやきな粉をかけて食べます。このもちは、一つ年をとる、年を重ねるという意味から年重《としかさ》と呼ばれています。一年の終わりにこれを食べないと正月が来ないと、年末には家族みんなで必ず食べるそうです。

協力＝四元まゆみ、井尻トミエ、堀朝子
著作委員＝新里葉子

撮影／長野陽一

＜材料＞ 15個分

もち米…3合
さつまいも…3本（600g。分量は好みで）
きな粉…適量
黒砂糖…適量（きな粉と同量）
塩…少々

＜つくり方＞

1 もち米を洗い、通常の炊飯より少なめに加減した水に30分以上浸す。
2 さつまいもは皮をむき、乱切りにして水にさらしてアクを抜く。
3 アク抜きしたいもを1に入れ、炊飯器で炊く。
4 炊き上がったら上下に混ぜてすりこぎでつく。
5 きれいに混ざったら丸め、黒砂糖と塩を混ぜたきな粉をまぶす。

◎もちでつくることもできる。同じように下処理したいもをやわらかく蒸し、小さく切ったもちをのせて蒸し、すりこぎでつく。丸めて黒砂糖と塩を混ぜたきな粉をまぶす。

〈佐賀県〉

いろうしゃんもち

あんこ入りのふつ（よもぎ）もちに、塩小豆がまぶしてあります。食べるとよもぎの香りが口いっぱいに広がり、優しい塩味があんの甘さを引き立てます。塩小豆のホクホクとした食感が、やわらかいもちを食べる中でアクセントになり、なかなか他にはないおいしさです。焼き物の里・有田で食べられてきたもちで、４月３日の桃の節句には桃の花を添えて祝います。春を告げる楽しみの味であり、４月末から5月初旬にかけて開かれる陶器市では来客へのお茶うけにも出されました。

大正時代にこのもちをつくって売り出したのが「金ケ江威郎《かねがえいろう》」という八百屋で、店を始めた「いろうさん（の）もち」と呼ばれるようになりました。店はなくなりましたが、今でも町内の商店で売られています。金ケ江という姓は朝鮮から渡ってきた人に多く、有田焼の始祖である朝鮮の陶工・李参平も日本名は金ケ江三兵衛といいます。今の韓国にも、よもぎもちに塩小豆をのせたもちがあるそうです。

協力＝西山美穂子
著作委員＝西岡征子、副島順子、武富和美

よもぎやふきのとう、のびるなど春の野草がたくさん。春休みになると子どもたちがかごと小刀を持って野草を摘みに行った。寄り道をしながらの楽しい遊びだった。皆が集めたよもぎでお母さんがふつもちをつくった

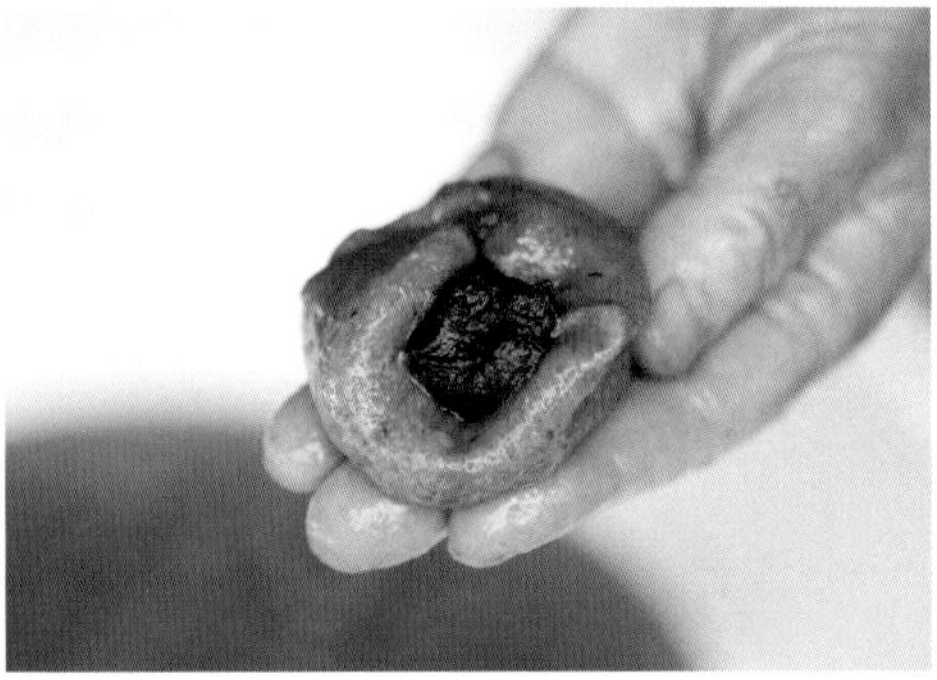

ふつもち。よもぎをたっぷり入れてついたもちであんを包む。家庭ではきな粉をまぶし、いろうしゃんもちでは塩小豆をまぶす。塩小豆は、ホクホクに煮た小豆に塩をして、すりこぎで軽くつぶしたもの。味つけは小豆300gに対して塩小さじ1/2くらい

撮影／戸倉江里

＜材料＞

もち米*、打ち粉（かたくり粉など）

*米1升から約2kgのもちができる。

＜道具＞

杵、木臼、蒸し器、蒸し布、バケツなど手水用の容器、しゃもじ、ボウル、ザルなど

＜準備＞

もち米は8時間以上浸水する。
木臼に湯をはって温めておく。
蒸し器にたっぷりの湯を沸かす。

もちのつき方

もちつき機を使えば手軽にできますが、
粘りとコシの強さを求めるなら、杵《きね》と臼《うす》です。
ここでは、昔ながらの杵と臼を使ったもちつきを紹介します。

撮影／武藤奈緒美　協力／野口忠司

1 水をきる

浸水しておいた米をザルにあげる。蒸し上がりがべたつかないよう、きれいな水をかけて表面のでんぷんを落とし、しっかり水けをきる。写真は米4升分。

2 蒸す

水にぬらしてしぼった蒸し布を蒸し器に敷き、米をフワッと入れる（蒸気が通りやすい）。湯が沸いた状態から強火で30～40分、米に芯がなくなるまで蒸す。

3 つぶす

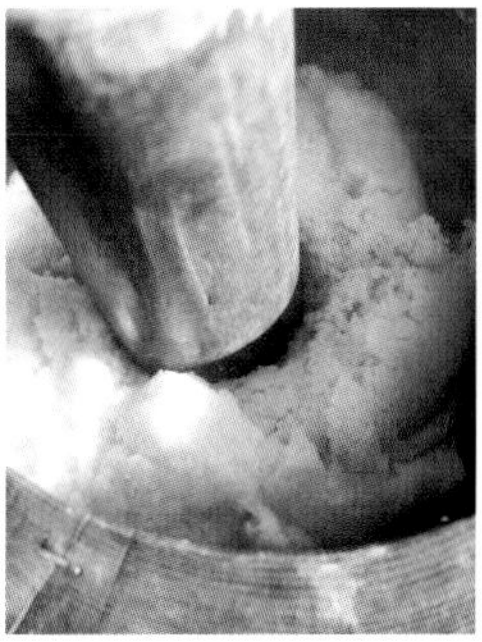

臼の湯を捨て2の蒸し米を移す。杵を軸にして回りながら、体重をかけて臼の中央に米を押しこむようにつぶす。熱いうちに2～3分で仕上げる。

4 つく

手水を用意。蒸し米を真ん中にまとめる。つき手と返し手は隣り合うように立ち、振り上げた杵は右手をゆるめて落とすように、「ぺったん」とつく。

5 手返しする

同じところをつかないよう、杵でつくごとに、手水をつけてもちの端をつかみ、真ん中に引っぱって返す。水はつけ過ぎるとコシがなくなる。

6 つき上がり

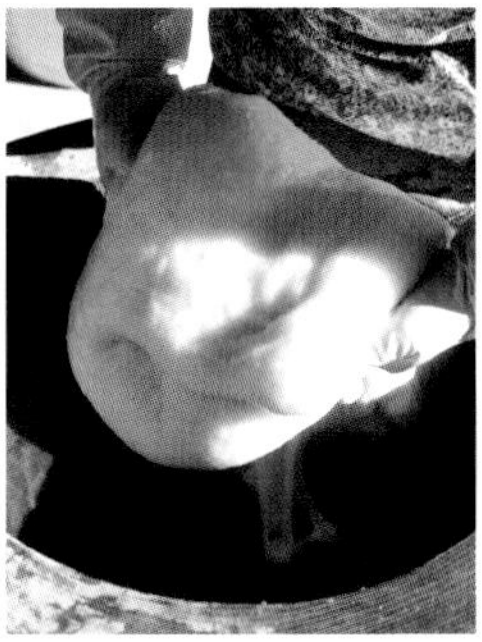

途中で1～2回全体をひっくり返す。110～150回つき、粒がなく表面がなめらかになればよい。形を整えて半分に折り、打ち粉をふった台に移す。

7 のす・丸める

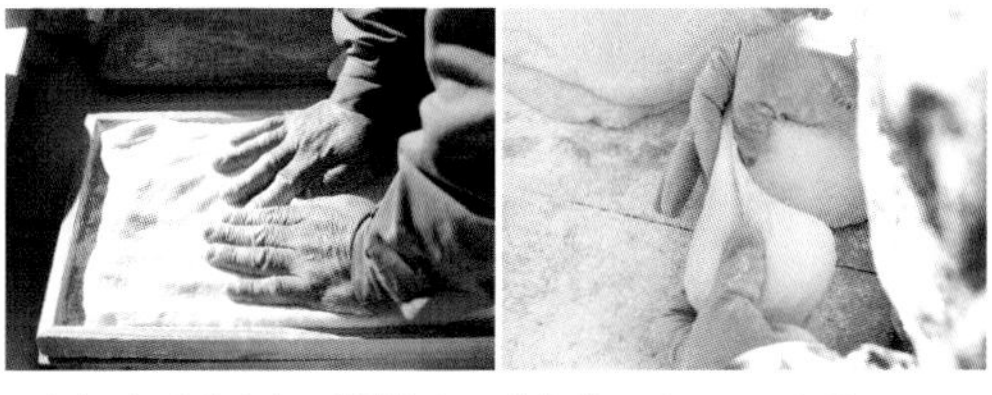

つき上がったらすぐに成形する。1升分ずつにして1.5㎝厚さにのし、一晩おいてから切り分ける。丸める場合は、親指と人差し指でにぎってちぎる。ちぎり目を下にして手のひらで転がす。

もちつきのポイント

●杵先側の手（右手）は軽く、杵の端側の手（左手）はしっかりにぎる。
●つき手と返し手は隣り合うように立ち、声をかけあいながらやる。向かい合うと、振り下ろす杵が返し手の頭を打つ位置になり危険。

〈富山県〉

かんもち

かんもち（寒餅）は寒さが最も厳しい寒中にもちをつき、40〜50日間寒風にさらして乾燥させたものです。じっくりあぶって香ばしくふくらませたかんもちは、冬の家族団らんの中に必ずあるおやつとして親しまれてきました。

かつては、農家が保存食や農作業中のおやつとしてつくりました。風が水分を含む海沿いよりも山沿いの方がつくりやすく、主に山間部の農村で受け継がれています。「こおりもち（氷餅）」や「こん餅」と呼ぶ地域もあります。

「立山黒部アルペンルート」の最高峰・立山から県中央部まで広がる立山町では、立山連峰から吹き降ろす寒風を生かしたかんもちづくりが続けられています。もち米は冷たい水に浸し、ついたもちは4〜5℃の室内で乾燥させることで、米の自然な甘味が引き出されておいしくなるといいます。色とりどりのたくさんのかんもちがつるされている様子は、カラフルなカーテンのようで冬限定の光景です。

協力＝西尾智恵子、石谷悦男
著作委員＝原田澄子、深井康子

＜材料＞ 20〜25人分

もち米…2升
黒豆…300g
里芋のすりおろし…大さじ1（20g）
塩…30g
打ち粉（かたくり粉）…適量

＜つくり方＞

1 もち米は一晩水につける。
2 1のもち米の水をきり、せいろで1時間蒸す。
3 黒豆も洗って、別のせいろで1時間蒸す。
4 2の蒸したもち米に里芋のすりおろしと塩を加えて、もちつき機でつく。最後に3の黒豆を入れて全体をまとめる。
5 4のもちは、打ち粉の上に置き、斗《と》棒《ぼ》状（薄く長い長方形）に整形する。
6 一晩から半日おいて、切るのにちょうどよいくらいのかたさになったら厚さ5mmほどに切る（写真①、②）。
7 切ったもちは、わらやひもで編んで数珠《じゅず》つなぎにし（写真③）、蔵の天井などにつるす（写真④）。室温4〜5℃で40〜50日間、室内で自然乾燥させる。2〜3℃に低くなるとかたくなったり、ひび割れしたりする。乾燥したもちは缶などに入れて保存する。オーブントースターや電子レンジで加熱するとよくふくらむ。炭火で焼いたり、油で揚げてもおいしい。

◎黒豆の他に昆布、青のり、よもぎ、きび、黒ごまなどを入れる。

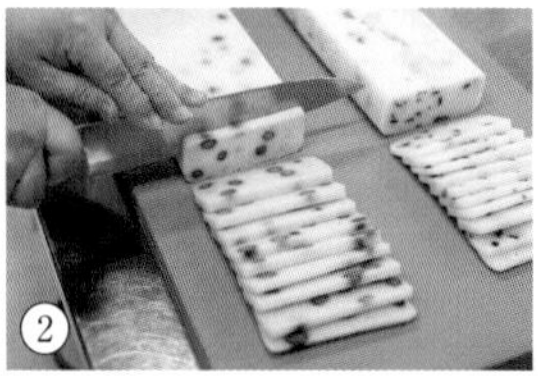

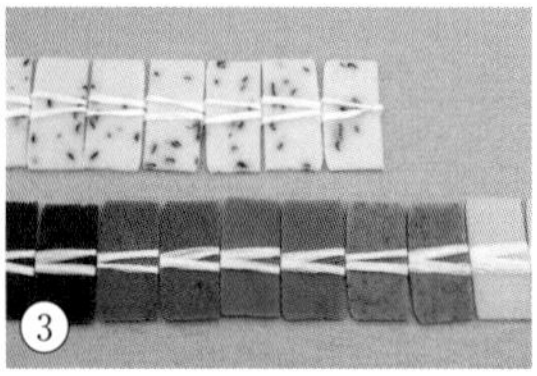

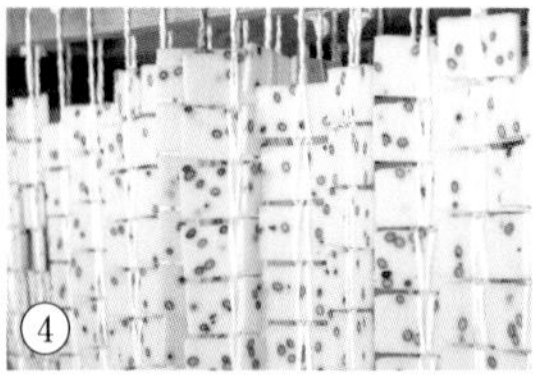

「食彩工房たてやま」では専用の倉庫で換気や湿度に気をつけながら、色とりどりのかんもちを干している

斗棒もちは乾燥前に焼いて食べてもおいしい

右上ピンクはビート入り。以下時計回りに白えび、
青のり、黒砂糖、しそ、くちなし（黄色）入り

撮影／長野陽一

〈奈良県〉

かきもちと切り子

奈良県の伝統的な米菓子で、冬に仕込んで年中食べる素朴な味のおやつです。県北東部の山添村は三重県との県境に位置する高原の村です。夏は冷涼、冬は厳寒で、冬の寒く乾燥した日が続く気候をうまく利用してつくられています。ただしつくるのは、奈良の東大寺二月堂の行事であるお水取りが終わる3月中旬まで。それ以降につくるともちにカビが生えるからです。奈良はお水取りの行事が終わると気温が上がることが多く、暖かくなるのです。

昔は、かきもちは火鉢で焼いていましたが、火鉢が家庭からなくなってからは焼いたものを店で買うことが多くなりました。寒い冬、火鉢を囲んでかきもちを焼いたのは懐かしい思い出だと地元の方はいいます。

以前、かきもちを干すときはわらに編み込んで窓際につるしていましたが、今は網の上に広げるようになりました。最近はかぼちゃや紫いもの粉末なども使われ、もちに混ぜる材料によっていろいろな色や味があり、見た目にも美しい菓子です。

協力＝中山容子　著作委員＝喜多野宣子

＜材料＞ 約400枚分

もち米…2升5合
塩…40g
砂糖…300～500g
溶き卵…3個分
＜紫いも味＞
紫いも粉末…大さじ7～8
ゆずのしぼり汁…1/2個分

【その他の味】
もち1単位につき、以下の材料を**3**のタイミングで加える。
＜かぼちゃ味＞
かぼちゃ粉末…大さじ7～8
＜黒豆＞
黒豆…2合5勺（450mℓ）
＜ピーナッツ＞
炒り落花生…1合
＜バター味＞
バター（無塩）…100g
＜しょうが味＞
しょうが粉末…40g
＜黒糖味＞
黒砂糖…300g（この場合、もちに砂糖は入れない）

乾燥し終わったかきもち。12時の位置から時計回りに紫いも、しょうが（ごま入り）、黒豆、ゆず、えび、黒糖、ピーナッツ、よもぎ、かぼちゃ

＜つくり方＞

1 もち米を洗米し、一晩水につける。
2 **1**をザルにあげ、水をきりせいろで45分蒸す。
3 もちつき機で**2**を少しついたら、塩を少しずつ入れながらつき、紫いも粉末、ゆずのしぼり汁を少しずつ加えてさらにつく。砂糖を加えてついて冷めたら最後に溶き卵を少しずつ加えてつき上げる。
4 **3**を縦40cm×横25cmのプラスチックケースに入れ、直方体のもちに成形し、一晩おく。

【かきもち】
5 もちをケースから出す。まず、縦を8cmずつ測り、定規を当てて包丁の刃先で4本の筋をつける（写真①）。もちを立てて上から押して切り、5等分にする（写真②）。菜切り包丁のような平らな刃が切りやすい。
6 1本を3mm厚さに押し切りにする（写真③）。8cm×6cm×3mmの大きさになる。
7 **6**を網の上に敷きつめ（写真④）、新聞紙をのせて風の当たらない室内で乾燥させる。新聞紙は初めの2日は1日2～3回とり替える。
8 乾燥したら炭火やオーブントースターで焼いて食べる。または、かきもち2枚を電子レンジに入れ、600Wで1～1分半加熱する。

【切り子】
5 もちをケースから出し、1.2cm角のあられ状に切る（写真⑤）。
6 バラバラにほぐして網の上にのせ、新聞紙をのせて乾燥させる。
7 かきもちと同様に焼いたり（写真⑥）、電子レンジで加熱して食べる。

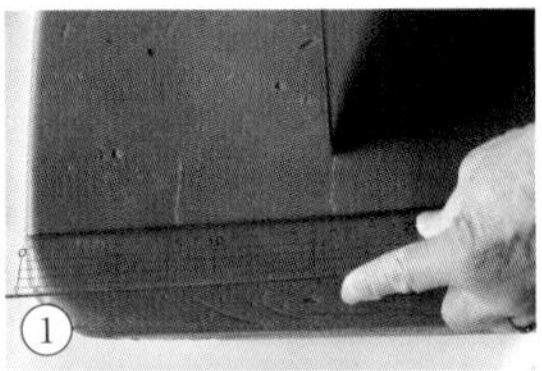

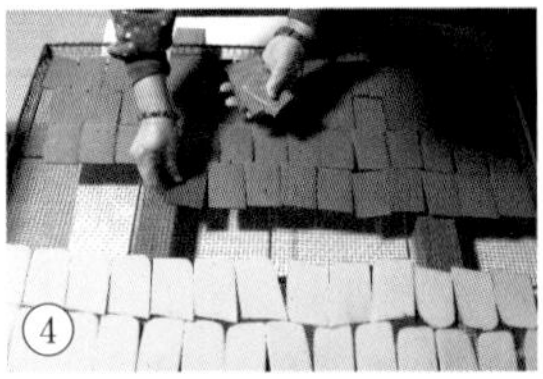

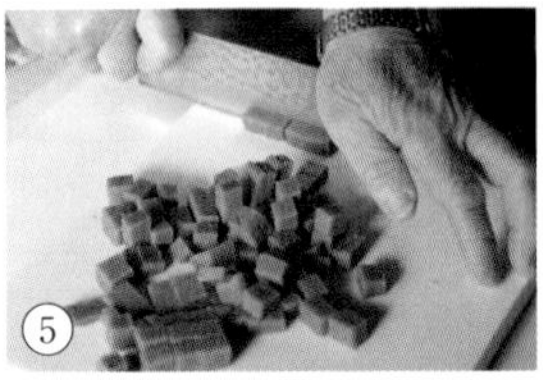

撮影／五十嵐公

〈鳥取県〉

かきもち

鳥取では冬になるとかきもちをつくります。なかでも中国山地の東部に位置する智頭町《ちずちょう》はかきもちづくりがさかんな地域で、1月5日の小寒から節分までの寒の時期には、薄く切ったもちをわらで編んだものが部屋中にすだれのようにつるされている光景が見られます。ここでは寒の時期に氷が張るほど冷たい水で米を洗い、浸漬して蒸すとかびにくくなるといわれています。

冬場、雪深い智頭町では農産物があまりとれないので、保存のきくかきもちは重宝します。昔はおやつの時間になると石油ストーブの上に焼き網をのせてかきもちを焼いていました。砂糖の量は今より少なかったですが、食べると米の甘味がじんわり広がっておいしく、楽しみなおやつでした。以前は緑や赤の色粉を入れてつくっていましたが、最近ではゆずやしそ、青のりなどの野菜を入れて色づけするようになりました。食べるときは電子レンジで加熱すると上手にふくらみます。

協力＝フレッシュ八頭
著作委員＝松島文子、板倉一枝

撮影／五十嵐公

＜材料＞ つくりやすい分量

もち米…1升
黒豆…150g
砂糖…350〜400g
塩…大さじ2
打ち粉（もちとり粉）…適量

＜つくり方＞

1 もち米は洗い、2日間*ほど水につけておく。
2 蒸す1時間前に米をザルにあげ、水をきる。
3 黒豆は水でさっと洗ってさらしに包む。
4 米と黒豆を一緒に蒸す。黒豆はさらしに包んだまま蒸し、15〜20分して噛んで生臭さがなくなったらとり出す。もち米は蒸気が上がってから30分ほどたったらとり出す。
5 4の飯をもちつき機でつく。粒がなくなり、ひとかたまりになってきたら砂糖と塩、黒豆を3、4回に分けて入れ、つき混ぜる。表面がつるんとしてきたらつき上がり。
6 もちとり粉をしたバットか四角い型に流し入れて平らにし、2〜3日ほどおく。
7 ある程度かたくなったら、菜切り包丁で10㎝×3.5㎝の大きさに切り、さらに5㎜ほどに薄く切る。
8 2枚1組に合わせてわらで編んでいき、40枚を1連にして寒い部屋でつるし陰干しする。食べるときは600Wの電子レンジで様子をみながら1分ほど加熱する。オーブントースターや石油ストーブの上で焼いてもよい。

*暑い時期につくる場合は1日ほどでよい。

かきもちの種類いろいろ

1升のもち米に対し、それぞれ細切りのにんじん250g、皮を細切りし果肉をフードプロセッサーにかけたゆず250g、塩をまぶし粗く切った赤じそ100g、粗くちぎった青のり16gを使う。にんじんとゆずはさらしに包み、10分ほど蒸してからもち米とつき混ぜる。赤じそと青のりは3、4回に分けて入れてつき混ぜる。砂糖と塩の分量と加える手順は黒豆と同じ。

〈山梨県〉

おしゃかこごり

お釈迦様の誕生日である4月8日の灌仏会《かんぶつえ》（花まつり）にお供えする行事食で、お釈迦様の頭、螺髪《らほつ》をかたどってつくったお菓子です。表面がゴツゴツした形ですが、食べると甘味と豆やくるみ、あられのコリコリとした歯ごたえが楽しめます。「こごり」とは、煮こごりと同様にちょっと固まった状態を表し、別名「おしゃかっこごり」ともいいます。

富士川流域の峡南地域、身延《みのぶ》町や南部町でつくられてきたお菓子で、昔はおしゃかこごりをつくるのにも、時間をかけてあられからつくっていました。もちを薄くのしてサイコロ状に切って乾燥させ、それを乾炒りしてあられにしたのです。県内のほかの地域では、米が貴重だったので、小麦粉に炒り大豆を加えて団子にしたタイプのものもあります。

今回紹介したのは、節分の豆とひな祭りのひなあられ、普段食べる市販のあられを利用した簡単なレシピです。くるみ、えごまなどを入れるとよりおいしくなります。

協力＝鍋田順子、栗田恭子
著作委員＝柘植光代

＜材料＞ 20〜30個分

うるち米粉（または小麦粉）…1カップ
ごま…大さじ2
えごま…大さじ2（なくてもよい）
水…1カップ
節分の豆（炒り大豆）…2袋（約110g）
ひなあられ（市販のあられ）…30g
くるみ…100g
青のり…少々
砂糖…2カップ
醤油…大さじ1

＜つくり方＞

1 砂糖と醤油をフライパンに入れて煮立たせる（写真①）。
2 米粉、ごま、えごま、水をボウルに入れて泡立て器で混ぜる。
3 2を1に加えて（写真②）泡立て器で混ぜながら弱火〜中火で焦がさないように加熱する。さらに豆、あられ、くるみ、青のりを加えて木べらでこねながら加熱する（写真③）。
4 固まってきたら火を止めて、大さじ2本で丸くすくって直径約4㎝（ゴルフボール程度）に丸めて冷ます。お釈迦様の頭のようにゴツゴツ感を残すように軽く丸める。

撮影／高木あつ子

〈兵庫県〉

おいり

中国山地の山々に三方を囲まれ、鳥取と岡山との県境にある山村だった千種《ちくさ》町（現宍粟《しそう》市）で、ひな祭りにつくられてきた素朴なおやつです。もち米の玄米、大豆、あられをそれぞれじっくり炒って混ぜたもので、最近では砂糖をからめて仕上げていますが、もともとは貴重な砂糖は使わなかったそうです。

千種町は雪が深い地域ですが米どころでもあり、千種川の清流から得られる水でもち米がよくつくられてきました。寒の時期にはよもぎやえびなどを入れたもちがつくられました。それらのかたくなったもちを小片にし、じっくり炒っていると割れてきて、小さく細かくなってあられができるのです。

4月3日のひな祭りには、子どもが家々をまわって来るので、おいりをあげていました。おひな様が描かれた掛け軸を飾り、おいりに菱もち、ゆでたたにしとせりの醤油和えをお供えして食べました。松竹梅の型で抜いた押しずしや巻きずしもつくり、節句を祝いました。

協力＝河野久美、山内千裕
著作委員＝坂本薫

＜材料＞8人分

干しもち・かきもち（サイコロ状のもの）…1/2カップ
もち米（玄米）…1カップ
大豆…1カップ
砂糖…1カップ
水…大さじ3〜1/4カップ

＜つくり方＞

1 干しもちと大豆はそれぞれ弱火でじっくりと炒り、軽く焦げ目をつける（写真①、②）。
2 もち米（玄米）も弱火でじっくりと炒り、焦がさないようにしながら半分以上がはぜるまで炒る（写真③、④）。
3 別鍋に砂糖と水を合わせて火にかける、細かい泡が立ち（写真⑤）、焦げ色がつく前に火を止め、1と2を合わせ混ぜる（写真⑥）。

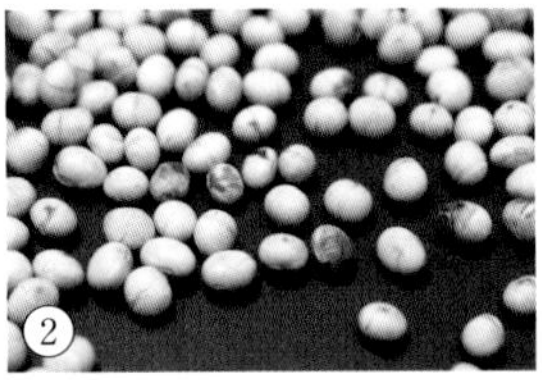

撮影／高木あつ子

〈岡山県〉

おいり

売り物のおやつがなかった時代に、米と豆でつくられたおやつです。パチパチとはぜた米はいわば手づくりポンポン菓子で、楽しく食べられます。皮がはじけるくらいに炒った大豆は香ばしく、噛みごたえのあるかたさで、歯が丈夫になりそうです。おいりを上手につくるコツは、火力は弱く、気長に炒ることです。

岡山の北部地域では黒大豆の栽培が盛んで、おいりも黒大豆でつくると、なんだか高級そうに見え、豆の味も濃厚でおいしいです。米はもち米の玄米がいちばんよくはぜ、きれいな白い花が咲いたようになります。昔は残りご飯でもつくりました。冷蔵庫や炊飯ジャーがなかった頃は、夏はご飯が傷みやすいため、炊いたら竹ざるにとり、涼しい所においていました。それを水で洗い天日干しで乾燥させて、母親がおいりにしてくれたのです。昔は、砂糖は黒砂糖を使っていました。店では黒砂糖を一斗缶で売っていて、それを小分けにしてもらい買っていました。

協力＝岡田成了、影山田鶴子、須江寛臣
著作委員＝藤堂雅恵、藤井わか子

撮影／長野陽一

<材料>2〜3人分

もち米（玄米）…1カップ（160g）
黒大豆…1/2カップ（70g）
黒砂糖（粉末）…1カップ（100g）
水…1/4カップ

<つくり方>

1 もち米は弱火でじっくりとフライパンをゆすりながらから炒りする。徐々にはぜてくるので、すぐに蓋をし、はぜてこぼれてしまうのを防ぐ。
2 80〜90%くらい白くなってはぜたら火を止め（写真①）、ボウルにあける。はぜが足りない場合は、もう一度蓋をして火をつける。ただし、焦がさないように注意する。
3 黒大豆は乾燥したままで中火でじっくりとから炒りする。少し香ばしくなり、皮がはじけたら火を止めボウルにあける（写真②）。
4 鍋に黒砂糖と水を入れ、かき混ぜながら弱火で溶かす。
5 4がドロドロになったら、弱火のまますぐに2と3を入れて混ぜて火を止める。黒砂糖は冷めるとすぐに固まるので、冷める前に鍋から器に移す。

干しもち・凍みもちいろいろ

寒く空気が乾燥している冬につくる干しもちは
薄く切ったりあられ状にしたりします。
凍結させて乾燥させるのが凍みもちで、
いずれも、もちを長く保存するための加工品です。

焼いたり、揚げて砂糖をまぶしたりしてもおいしい。食紅で色づけすることもある。

青森県の干しもち

黒ごまと塩、砂糖を入れたもちを7～8mm厚さに切ってひもで編み、軒下につるして凍みさせながら「風干し」する。一番寒い2月頃につくる。さくさくした食感でもち米の甘さが感じられる。

宮城県の凍みもち

砂糖、塩、黒ごま入りのもちを薄く切り、大寒の頃、縁側に敷いたゴザに並べ、カチカチになるまで干す。卵を入れてつくる人もいる。たいていは揚げるが、炒ったり焼いたりもする。

凍みもちは乾燥した状態で1年以上保存できる。薄く切るほど乾燥が早く、揚げたときにサクッとする。

神奈川県のあられ

ひな祭り用。里芋のすりおろし入りのもちに食紅（赤）で色をつけ、さいの目に切り、1～2月上旬に1カ月ほど陰干しする。油で揚げて蜜をからめる。里芋を入れるとふっくらと仕上がる。

油で揚げる前。前年の菱もちの切れ端を干して使うこともある。

秋田県の干しもち

もちを丸めて成形し、稲わらにつけて飾り、つるして乾燥させる。その年の作物の豊作、よい繭（まゆ）ができるように願い、もちを粟や稲、繭に見立てた正月用のもち。

右写真の左から繭（めぇ）っこもち、稲穂もち、粟穂（あわぼ）もち。食べるときは表面をあぶる。

協力／川村かほる（宮城県）、なるせ加工研究会（秋田県）、石原文江、柏木菊江（神奈川県）
著作委員／北山育子（青森県）、野田奈津実（宮城県）、熊谷昌則（秋田県）、小川暁子（神奈川県）
撮影／五十嵐公（青森県、神奈川県）、高木あつ子（宮城県、秋田県）

半づきもち

すりこぎなどで粒の形を残しながらつく、臼と杵でつくよりも手軽なもちです。もち米にうるち米、里芋も一緒に炊いて粘りやなめらかさを出します。他に赤飯で包んだだんごや、残りご飯の焼きもち、米の甘さを引き出したあめや飲みものも紹介します。

〈茨城県〉

三《み》つ目《め》のぼたもち

おはぎというと、炊いたもち米のご飯をつぶして丸めますが、これはつぶさず丸めず、あんをかけて食べます。県内では鹿行《ろっこう》地域（鹿嶋市・神栖《かみす》市）だけのものです。

「三つ目」は、出産後3日目に食べさせることに由来しており、出産した女性の疲労回復と乳の出がよくなるよう願ってつくられた祝い物です。子どもが生まれたことを近所に知らせる意味もあり、重箱に詰めて挨拶しながら配って回りました。米やいも、野菜、豆と何でも自給できる地域ですが、もち米や小豆は貴重でしたので、ぼたもちはごちそうでした。いただいた家は、お返しにお祝いを包むのが通例です。今は自宅ではつくらなくなり、地元の菓子店に注文したものを配る家が多くなっています。

同じような食べ方が、霞ヶ浦の対岸の土浦市周辺でも見られます。ご飯茶碗に炊きおこわを盛り、その上に好みの量のあんをかけ、食事として食べるのです。お盆や正月などのハレの日だけでなく、食べたくなると、おはぎでなくこのような形で食べているそうです。

協力＝橋本ひさ子、仙土玲子
著作委員＝荒田玲子

撮影／五十嵐公

＜材料＞ 6〜10人分

- もち米…2合（300g）
- うるち米…0.7合（100g）
- 水…2.5合（450mℓ）

生のさらしあん…400g
砂糖…280g
水…160mℓ
塩…2つまみ

＜つくり方＞

1 一晩浸水したもち米とうるち米を一緒に炊飯器で炊き、おこわをつくる。
2 さらしあんに砂糖、水、塩を加え、30分ぐらい弱火にかけてへらで練る。
3 重箱に炊きおこわを詰めて平らにし、その上に2のあんを平らにのせる。

〈富山県〉
いもがいもち

　きな粉に包まれただんごを食べると、ご飯粒の存在感はありながら、ねっとりとした粘りけも感じます。うるち米と里芋でつくったおはぎのような「もち」です。

　320年ほど前、藩命により石川県小松市の今江町から現在の黒部市に近い入善《にゅうぜん》町に20組の若夫婦が開拓として入り、今江村をつくりました。いもがいもちは、貧困の中、くずの里芋とくず米をすりつぶして食べたものと伝えられています。米の節約とともに、里芋の小芋に子孫繁栄の願いをかけました。昭和の初期まで農家の昼食や、田をこぎっている（おこしている）ときの小昼《こびる》に食べられました。

　戦後の食料難の時代にも、手近にある里芋とくず米を一緒に炊いて、きな粉、小豆あん、ごまの3種類のもちをつくりました。腹もちがよく、とてもおいしかったそうです。その後は米もたくさんとれるようになり、新米に里芋を加えてつくり、神仏に供えて収穫の感謝と稲刈りの間の天候に恵まれるよう祈るものになりました。

協力＝東秋子
著作委員＝深井康子、守田律子、原田澄子

撮影／長野陽一

＜材料＞4人分

里芋…100g
うるち米…1.5合
水…2合
塩…小さじ1/2
きな粉…25g
砂糖…大さじ1と1/2

＜つくり方＞

1 里芋は皮をむき、約5㎜の薄切りにし、水で洗ってぬめりを落とす。
2 米は洗ってザルにあげる。
3 2の米に1の里芋をのせ、水を加えて（写真①）普通のご飯のように炊く（写真②）。
4 ご飯が炊けたら熱いうちに塩を加え、水でぬらしたすりこぎで粘りが出るまでつぶす（半殺しにする）（写真③）。
5 全体に混ざったら（写真④）卵大の大きさに丸め、砂糖と合わせたきな粉をつけて皿に盛る。粒あんや、半ずりにして砂糖を合わせた黒ごまをつけてもよい。

〈愛知県〉

おかまごんごん

撮影／五十嵐公

＜材料＞ 30個分（1個100g）

- もち米…4カップ
- うるち米…1カップ
- 水…5カップ

粒あん…1.3kg

＜つくり方＞

1 もち米とうるち米を合わせて炊飯器で炊く。

2 炊き上がったら、ボウルに移してすりこぎで半分ぐらいつぶす（半殺し）。手水をつけながら丸め、30等分する。

3 粒あんを30等分する。粒あんは湿らせたさらしに広げ、**2**をのせて全体を包む。

◎好みできな粉をつけてもよい。その場合は、きな粉、砂糖各50g、塩少々を混ぜてまぶす。

一般的におはぎやぼたもちと呼ばれるものですが、尾張水郷地区では、炊けたご飯を釜の中でごんごんつぶすのでこの名前がついたといわれています。またご飯は半分ぐらいつぶすので「半殺し」とも呼ばれ、いずれもユニークで楽しげな、少し物騒な名前です。

農あがり（田植えが終わったとき）や稲刈りの手伝いにきた人の小昼《こびる》（おやつ）に出したり、新嫁が初めて実家に帰るときの土産に持たせたりしました。甘いものが少ない時代はごちそうで、時折つくって近所や親戚に配りました。

尾張水郷は肥沃な土地で水田や蓮田が広がる豊かな農村地帯でしたが、昭和34年の伊勢湾台風、昭和49年の集中豪雨などの水害で甚大な被害を受け、生活が一変しました。農地が改良され、農協で一括して稲作を行なうようになると、共同の農作業がなくなり、おかまごんごんを配る習慣もなくなってしまったのです。家庭でときどきつくられますが、今はスーパーで簡単に買えるものになっています。

協力＝佐藤玉枝、海部地方郷土料理研究会
著作委員＝廣瀬朋香、西堀すき江、亥子紗世

〈三重県〉

なべもち

もちつきは、本来臼と杵でぺったんぺったんと音が響く家族親戚総出の作業で、ついたもちは皆で分けました。しかしもち米が少ないとき、家族だけで食べたいときに音を出さずにもちをつくる方法として、鍋の中でつきこねる「なべもち」が考えられたといわれています。また隣近所に内緒、同居していない親戚に内緒でつくるので「ないしょもち」とも呼ばれます。

仕上がりはうるち米がこなれないで粒が残り、表面はごつごつした感じで、三重県ではたがね、またはやじろと呼ばれるもちに近いです。あまりのびませんが、その分歯でサクッと噛み切れてのどごしがよく、胃もたれもしません。

大台町や大紀町のような伊勢平野周辺の中山間地域では、田んぼは少なくもちは大変貴重でしたから、隣近所に配るほど材料がない場合の生活の知恵かもしれません。臼と杵がなくてもつくれる簡単なもちなので、昔から野上がりをはじめ、農作業の合間などに家庭でつくって楽しんだものです。

協力＝浮田耕作、浮田さつ子、吉田美知子
著作委員＝成田美代

撮影／長野陽一

＜材料＞ 30個分

もち米…3合
うるち米…2合
水…5合（900mℓ）
よもぎ*…100g
重曹…小さじ1
粒あん…900g
塩…小さじ2
きな粉（好みで砂糖を混ぜてもよい）
…適量

*よもぎの量は好みで加減する。生のよもぎがない季節は乾物10gで代用する。よもぎを入れないでつくる場合もある。

＜つくり方＞

1 もち米とうるち米を洗い、水加減をして一緒に炊く。
2 よもぎは重曹を入れたたっぷりの湯でゆがき、しぼって細かく刻む。
3 粒あんは1個30gに丸めておく。30個つくる。
4 米が炊き上がったら、**2**のよもぎをのせて15分ほど蒸らす。よもぎを入れない場合はそのままでよい。
5 蒸らし終わったらボウルなどに移し、塩を加えてすりこぎで押しつぶしながらつく。
6 よもぎが均等に混ざり、ご飯に粘りが出てもちのようになったら、30個に分ける。1個ずつ手のひらに広げて、真ん中に**3**のあんをのせて丸める。
7 最後にきな粉をまぶして仕上げる。砂糖入りのきな粉を使うときは、時間がたつと湿ってくるので、食べる直前に再度まぶす。

撮影／五十嵐公

＜材料＞ 約40個分

もち米…1カップ
うるち米…4カップ
里芋（皮つき）…約1kg
水…約6カップ
塩…小さじ2
粒あん…約1kg（小豆350g、砂糖400g、塩少々）

＜つくり方＞

1 もち米とうるち米は洗ってザルにあげ、30分ほどおいて水をきる。
2 里芋は洗って皮をむき、大きいものはほどよい大きさに切る。
3 炊飯器に**1**、**2**、水、塩を入れ、軽く混ぜ合わせて炊く。
4 炊き上がった後、10分ほど蒸らす（写真①）。すり鉢に移し、熱いうちにすりこぎでつく。里芋は形が少し残る程度に、米は半つぶし状になるようにつき混ぜる。
5 手水をつけながら**4**の生地を軽くにぎって1個40gくらいの丸いおにぎりにし、ゆるめに練り上げた粒あんをつける。

〈奈良県〉

いもぼた

刈り入れが終わる鎌納めの日は例年11月10日頃で、11月最初の雨降り日と重なると、「亥《い》の子《こ》」といって野休みにします。この日につくる里芋入りのぼたもちがいもぼたで、亥の子もちともいいます。

中南部でもとくに葛城市は水に恵まれた米どころで、また品質のよい里芋がとれるので、味のよいいもぼたができます。一世代前はもち米が貴重だったため、その代用に里芋が使われたそうです。昭和30～40年代にはもち米の収穫量も増えましたが、このいもぼたの配合はもち米の少ない祖父母の時代のものです。普通のぼたもちよりさくい（歯切れがよい）粘りで、いくつ食べても胃にもたれません。

「小豆はご先祖様が喜ばれんねん。いもぼたがおいしくできたから供えといて」といわれてお供えするのは子どもの役目でした。鎌納めのいもぼたは収穫祝いと農作業のねぎらいとして家族で食べましたが、秋祭りには重箱に詰めて親戚に配り、皆で収穫を感謝し喜びを分かち合ったそうです。

協力＝木村匡子
著作委員＝志垣瞳、三浦さつき

〈和歌山県〉
亥《い》の子《こ》もち

11月（旧暦10月）の最初の亥の日に食べるもちで、いんのこもちともいいます。亥の子もちという宮中行事に由来する、もちに小豆、大豆やごまなどを混ぜた和菓子が知られていますが、和歌山県ではもち米に里芋を加えてつき、小豆あんでくるんだもちをさします。里芋が入っているので普通のもちよりもやわらかく、2、3日たってもかたくなりません。稲のとり入れが終わったら亥の子休みをとって農作業を休み、亥の子もちをつくって収穫を祝いました。

県北東部にある橋本市では、昔は刈り入れがあると多くの人が泊まりこみで手伝いに来たので、収穫した小さめの里芋（小芋）と古米で亥の子もちをつくり、ふるまいました。橋本市では小芋を亥の子と呼んでいました。県南部の上《かみ》富田町《とんだちょう》では大きな亥の子もちをにぎり、南天の葉を敷いた一升枡に入れて一晩、神様にお供えします。親戚や近所には小さくにぎって配ったそうで、どこでもこの時期には欠かせないものでした。

協力＝松井カヨ子
著作委員＝橘ゆかり

撮影／高木あつ子

＜材料＞8個分

もち米…120g
里芋…2個（正味80g）
塩…少々
水…150mℓ
あん…240g

＜つくり方＞

1 もち米をさっと洗い、浸る程度の水に1～2時間つけ、ザルにあげる。
2 里芋は皮をむき、1cm厚さの輪切りにする。
3 もち米に里芋と塩を加え、分量の水を入れて炊飯器で炊く。
4 炊き上がったら、熱いうちにすりこぎでつぶす。里芋はしっかりつぶし、米粒は形が少し残る程度。
5 ご飯を8等分にし、1％程度の塩水（分量外）を手につけ、軽くにぎって丸める。
6 8等分にしたあんをラップに丸く広げ、その上に**5**をのせて包む。

撮影／五十嵐公

＜材料＞ 12個分

もち米…2合（300g）
水…2カップ
塩…少々
やわらかめのあん…400g
塩…少々

＜つくり方＞

1. 米は洗い、分量の水と塩を入れてすぐに炊く。
2. 炊き上がったら、水をつけたすりこぎで粒が残る程度につき（半殺し）、1個約50gのものを12個つくって手水をつけながら丸める。
3. あんに塩を加えたものをたっぷりとつける。

◎きな粉のぼたもちをつくる場合は、きな粉35gに砂糖30gと塩少々を混ぜてからまぶす。

ぼたもち

〈鳥取県〉

鳥取は小豆ご飯や甘い小豆汁にもちを入れた雑煮など、米と小豆を利用した料理がたくさんありますが、ぼたもちもそのうちの一つです。お彼岸だけでなく、田植え終わりに豊作を祈って行なわれる「代《しろ》満《み》て」や稲刈り後の「鎌祝い」、稲の脱穀後の「こき祝い」などの農耕儀礼の際にもぼたもちをつくって、神棚や仏壇にお供えします。県東部に位置する八頭《やず》地域では、以前は庚《かのえ》と申《さる》の日が重なる庚申《かのえさる》の日に行なう民俗行事「庚申《こうしん》さん」のお供えにもつくっていました。こうした行事の際はぼたもちはご飯の代わりの主食として出されますが、普段からもおやつとして親しまれています。

ぼたもちはうるち米を加えてつくることもありますが、もち米だけのほうができあがりがやわらかく、冷めてもかたくなりにくいです。ぼたもちにつけるのは粒あんが多いですが、代満てのときにはきな粉をまぶします。他にも、白えんどうや栗、そら豆、最近では紫いもなど小豆以外のあんもあります。

協力＝湯梨浜町はまなす加工研究グループ
著作委員＝松島文子、板倉一枝

撮影／五十嵐公

＜材料＞ 4人分

もち米…320g
水…2合（360mℓ）
さつまいも…正味600g
砂糖…140g
きな粉…50g
塩…ひとつまみ

＜つくり方＞

1 もち米は洗って1時間以上水につける。
2 さつまいもは厚めに皮をむき、2cm角に切り、水にさらしてアク抜きをする。
3 もち米は炊飯器で炊く。
4 さつまいもはたっぷりの水で煮る。やわらかくなるまで煮えたら煮汁を捨て、そこに砂糖を加えてすりこぎでついて「半つき」の状態にする。
5 **4**の鍋に**3**を加えて混ぜ、すりこぎなどでつく。
6 丸めて形を整え、塩を加えたきな粉をまぶす。

紫いもでつくり、うぐいすきな粉をまぶしたいもぼた

〈鳥取県〉いもぼた

県西部の弓ケ浜半島は砂地のため米ができにくい地域で、昔からさつまいもを米の補食としてきた独特の食文化があります。その代表的な料理の一つがいもぼたです。

さつまいもの半量を里芋に替えるとつるっとして食べやすく、おはぎよりもしっとりした食感になります。中にあんこを入れたり、きな粉とは別にあんこや青のりをまぶし、3色（3種類）にしたりします。

ほかにもこの地域では、特徴的なさつまいも料理があります。生いもをさいの目に切って干したものと、もちの残りを小さく切って炒った「かしん」と呼ばれるひなあられ、さつまいもを切って干して粉にした「ねぼし粉」でつくるねぼしだんごなどです。ただ、近年ではねぼし粉自体がほとんどつくられなくなっています。米は買って食べられるようになり、さつまいもを食べる習慣がだんだん減ってきていますが、いもぼたは今でもぼたもちの代わりに、お彼岸や秋祭りにつくられています。

協力＝境港市食生活改善推進員会
著作委員＝松島文子、板倉一枝

〈徳島県〉

はんごろし

米粒が半分くらいつぶれるよう「半殺し」につくので、この名前がつきました。中にはささげのこしあんが入っており、表面にはきな粉がまぶしてあります。あんを外側につけたぼたもちやおはぎは彼岸につくりますが、はんごろしは季節を問わず、村の人が大勢集まるときにつくりました。風味豊かなよもぎとあんが合わさると両方の味が引き立ちます。皆が大好きなおやつで、つくるのも食べるのも楽しいひとときでした。

県南の山間部に位置する那賀《なか》町では、新米は売り、家では古米《こごめ》を使っていたため、はんごろしも古米でつくり、「古米のもち」と呼んでいました。米の水分量が違うからか、お年寄りのなかでは古米でつくったもののほうがおいしいという人もいます。よもぎも、今は冷凍したものを使いますが、以前は樽で塩漬けして谷の水に一日さらしたものを使っていました。手間はかかりますが、よもぎ独特の風味が強く、おいしかったそうです。

協力＝野々宮小由里、木下陽子、樫山成子
著作委員＝金丸芳

撮影／長野陽一

＜材料＞ 10個分

もち米…1.4合（210g）
うるち米…0.7合（108g）
水…380mℓ
よもぎ*…200g
ささげ豆のこしあん（小豆のこしあんでもよい）…200g
塩…2g（小さじ1/3）
きな粉…100g

*よもぎは春に摘んで、ゆでて水けをしぼったもの。冷凍しておいたものでもよい。

＜つくり方＞

1 もち米は前日に洗い、一晩水に浸漬しておく。うるち米は洗い、1時間程度水に浸漬しておく。
2 もち米とうるち米を合わせ、水を加え、炊飯器で炊く。
3 冷凍よもぎを使う場合は解凍してから水で洗って、水けをしぼる。
4 炊き上がったご飯の上に、細かく刻んだよもぎをのせて蓋をして、5～10分蒸らす。
5 ご飯に塩を加えてしゃもじで全体を混ぜてから、すりこぎで半分ぐらい粒が残る程度につぶす。
6 こしあんは、1個20gほどの大きさに分けて丸めておく。
7 5を70gほど手にとり、あんを包む（写真①）。
8 もち全体にきな粉をまぶす。

〈長崎県〉
ごまぼたもち

丸めたご飯をしゃもじにのせ、とろとろに練ったごまのあんを上からとろりとかけてつくるぼたもちです。こうするとあんがもちの上を流れていい感じになります。もともと対馬《つしま》は米の生産量は多くありませんが、佐護地区は2000年以上の歴史がある稲作地帯で、寒暖の差があるのでおいしい米ができます。昔は、米はもとより、小豆もごまも自給しており、唐臼《からうす》を足でついてごまや米をすり、調製しました。

あんは、ごま、小豆のほかに、えんどう豆、そら豆などでもつくり、ぼたもちは田植え、稲刈り、小昼《こびる》間《ま》、法事、祝いごとの席に出されるものでした。対馬全域でも祭りやお盆には必ず仏壇に供えられ、無病息災や一家の安全を願ってつくられました。仏事には偶数、祝いごとには奇数で盛りつけます。

対馬でごまといえば黒ごまです。練りごまは風味もよく、体にもよいのですが、小豆あんより手間がかかるので、今はごまぼたもちをつくる人は少なくなっています。

協力＝対馬市食生活改善推進協議会上県支部
著作委員＝冨永美穂子、石見百江

撮影／長野陽一

<材料> 15人分

- もち米…1kg
- 水…1ℓ

黒ごま…300g
砂糖…300〜400g
水…250mℓ
塩…少々
かたくり粉、水…各大さじ3/4

<つくり方>

1. ごまはよく炒り、すり鉢できめ細かくなるまでする。フードプロセッサーでもよいが、ごまが粗いときはさらにすり鉢ですると、ごまから油が出て口触りがよくなる。
2. 鍋に水、砂糖を入れて火にかける。砂糖が溶けたら弱火にして**1**のすりごまを加え、つやととろみが出るまで練る。砂糖が多すぎるとごまあんが固まってしまうので注意。
3. 最後に塩、水溶きかたくり粉を加えて全体を混ぜ、やわらかさを調整して火を止める。
4. もち米は洗って炊く。
5. 炊いたご飯をすりこぎで少々つぶして丸める。25〜30個つくる。
6. 丸めたご飯をしゃもじの上にのせ、**3**のごまあんをかけて「トントン」とたたいてからめる。

小豆あんのぼたもち。こしあんでねっとりとして濃厚な甘さがある

各地のぼたもち・おはぎ

もち米とうるち米を合わせて炊いたご飯をすりこぎなどで半づきにし、小豆あんやごまあん、きな粉などをまぶしたもちです。たくさんつくって神仏にお供えし、近所や親戚に配りました。春の彼岸につくるとぼたもち、秋の彼岸はおはぎと呼び分けるといわれますが、小豆あんのもちをぼたもち、きな粉をおはぎという地域もあり、呼び方はさまざまです。

長野県の**くるみおはぎ**

粗ずりのくるみに砂糖と塩を混ぜた塩味（左）、油が出るまですったくるみに砂糖、醤油、酒などを混ぜた醤油味がある。大正時代にくるみ（シナノグルミ）の栽培が推奨された東御市でつくられている。

千葉県の**ぼたもち**

祝儀は上下にあんの3層、不祝儀はおこわにあんの2層でつくる。農作業が忙しい時期、ひとつひとつ丸めなくてもよく重宝した。おこわはもち米4にうるち米1を混ぜて炊いている。

神奈川県の**ぼたもち**

伊勢原市や秦野市では春や秋のお彼岸にはこしあんでつくる。ひと手間かかるが豆のアクが残らず上品。粒にすると年配者から今でも「忙しかったか」といわれる。

福井県の**いもぼたもち**

うるち米と里芋を一緒に炊いて、すりこぎでつぶしたぼたもち。米の収穫後の神送りや神迎え、報恩講、秋祭りなどでつくられた。左から小豆あん、きな粉、すりごま。

香川県の**ぼたもち**

米を作付けしている地域で秋の収穫期に新米でつくられてきた。正月のもちよりも手軽で1人でもできるので、春、秋のお彼岸にもつくられる。左から青のり、きな粉、小豆あん。

協力／竹内爾恵子（長野県）、山田洋子、柏木菊江（神奈川県）、齋藤博子、梅﨑すみ子、笠島友子（福井県）
著作委員／渡邊智子（千葉県）、吉岡由美（長野県）、増田真祐美（神奈川県）、谷洋子（福井県）、加藤みゆき、川染節江（香川県）
撮影／高木あつ子（千葉県、長野県、香川県）、五十嵐公（神奈川県）、長野陽一（福井県）

〈埼玉県〉

いがまんじゅう

北本《きたもと》市、鴻巣《こうのす》市、加須《かぞ》市をはじめ、県東部の穀倉地帯で広く親しまれているまんじゅうです。まんじゅうといいながら、まわりに赤飯をまぶしてあり、それが栗のいがのように見えるのでこう呼ばれています。ユニークな形と素朴な味で、まんじゅうと赤飯という異なる素材が、意外にマッチしておいしいのです。

季節の節目のハレの日である田植えや夏祭り、稲刈りというと各家でつくられて、お世話になった人にも贈ってお祝いして食べました。甘いものが少なかった時代から食べ継がれてきたハレの日を象徴するお菓子でした。昔はもち米が貴重だったので、赤飯のかさを増すためにまんじゅうにつけたともいわれています。蒸かした赤飯の上にまんじゅうをのせて蒸かし、とり出す際に全体に赤飯をまぶすというつくり方もありました。しかし、時間も手間もかかるので、昭和30年代以降は店で売っているものを買うようになりました。食べものが手づくりから買うものへ転換していった時代です。

協力＝落合美佐子　著作委員＝河村美穂

撮影／長野陽一

＜材料＞ 10個分

【赤飯】

もち米…1合

ささげ…15g（米の1割重量）

水…1.5〜2カップ

【まんじゅう】

小麦粉（薄力粉）…150g

ベーキングパウダー

…小さじ1強（5g）

卵白…1/2個分

砂糖…60g

水…1/4カップ

あん…300g

＜つくり方＞

【赤飯】

1 ささげは分量の水で、指で押してつぶれない程度になるまで煮る。ザルにあげ、その煮汁にもち米を一晩浸す。

2 翌日、水きりしたもち米とささげを混ぜて蒸し器で25分蒸す。

3 米を浸していた水で打ち水をして、さらに10分蒸し、蒸し上がったらボウルにあける。

【まんじゅう】

1 小麦粉にベーキングパウダーを混ぜてふるう。

2 卵白を溶いて、砂糖と水を加えて混ぜる。

3 2に1の粉を加えて最初は木べらで混ぜる。まとまってきたら手でさっとこねるように混ぜ、耳たぶぐらいのやわらかさにする。

4 3の生地を10個（約30gずつ）に分ける。あんも10個（約30gずつ）に丸めておく。

5 生地をのばし、あんをのせて包む。

6 まんじゅうを10〜12分蒸す。最初は強火で、蒸気が一定に出るようになったら中火にする。

7 蒸し上がったまんじゅうをとり出し、温かいうちに転がすようにして、まわりに蒸したての赤飯をつける。

◎赤飯の蒸し時間、最後の10分ぐらいのときにまんじゅうをのせて一緒に蒸し、蒸し上がってとり出すときに、まわりに赤飯をからめるようにつけるやり方もある。

〈新潟県〉
いがだんご

米粉でつくったあん入りの甘いだんごを薄いピンク色の赤飯で包んでいます。中越地方の柏崎でつくられるもので、赤飯をいが栗のいがに見立てています。だんごと赤飯というめでたいものを二つ合わせ、これ以上のごちそうはございませんというおもてなし料理でした。田植えのとき、6月のえんま市、十五夜、お盆、祭りに刈り上げと、一年を通じて人が集まる機会につくられました。赤飯の中からだんごが出てくる意外さは、その場に集まった人々の気持ちを一気に盛り上げたことでしょう。

昭和30年代、柏崎の中山間部や平野部では、いりご（くず米）を用いたあんぼ（p75参照）や雑炊やおじやを日常の食事としていました。いりごをついてつくった粉もちの中にはよもぎやあんも加えて、丸めて焼いて食べ、これを「おやき」といいました。そんな質素な暮らしの中で、赤飯とだんごをふんだんに使ったいがだんごは大変なごちそうだったのです。

協力＝吉岡照枝、阿部洋和、平木雅之
著作委員＝佐藤恵美子

撮影／高木あつ子

＜材料＞10個分

もち米…500g
上新粉…200g
熱湯…1カップ強（約220mℓ）
あん…200g
いんげん豆（乾燥）*…50g
┌ 水…1/2カップ
│ 酒…大さじ1と1/3
│ 塩…小さじ1/2
└ 砂糖…大さじ1と2/3
黒ごま塩…大さじ1と1/2
もち米の打ち水（米を浸していた豆のゆで汁）…1カップ

*金時豆、もしくは赤いんげん豆のこと。

＜つくり方＞

1 いんげん豆は約6倍の水に10時間以上つけ、そのまま弱めの中火で20分ゆでる。生豆の半分くらいのやわらかさになる。ザルにあげ、ゆで汁はとっておく。

2 鍋に1のいんげん豆、水、酒、塩、砂糖を入れ、弱めの中火で20分煮るとだいぶやわらかくなるが、ややかたさが残るくらいに煮る。

3 洗ったもち米を1のゆで汁に2時間以上浸す。米が水面から出ないよう、ゆで汁が足りなければ水を足す。

4 米の水けをきり、浸していた水は打ち水としてとっておく。蒸気の上がった蒸し器にぬれた蒸し布を敷き、米を入れ25分蒸す。

5 あんは10等分にして丸める。

6 上新粉に熱湯を加える。最初は180mℓほど入れ、耳たぶくらいのやわらかさになるようにこねる。水分が不足していたら、さらに40mℓくらいまで加減しながら加える。よくこねて10等分にし、1個ずつ円形にのばしてあんを包んでだんごにする。

7 4で蒸された強飯《こわめし》を布ごととり出し、いったん大きなボウルに移して、4の打ち水をまんべんなくふりかけて混ぜる。

8 蒸し器に再びぬらした蒸し布を敷き、7の強飯を半分戻して平らにし、その上に6のだんごを並べる。残りの強飯をだんごにかぶせるようにのせ、いんげん豆を散らして20分蒸す。

9 布ごと蒸し器からバットにとり出し、うちわであおいで粗熱をとる。薄い調理用手袋に水をつけて、だんごを強飯でふんわりと栗のいがのように軽く包む。いんげん豆をのせ、黒ごま塩をかける。

〈千葉県〉

みょうがの葉焼きご飯

県のほぼ中央部に位置する東金市《とうがね》の極楽寺地区は農村地帯で、昔は米に加えて小麦もよくとれました。初夏、山の端や庭の木陰にあるみょうがが大きくなってくると「食べようかね」とみょうがの葉焼きご飯をつくりました。ご飯と小麦粉、味噌、砂糖をこねた生地は食べごたえがあり、みょうがの香りもさわやかで、ついもう一つと手が伸びます。時季になると主食としてもおやつとしてもよく食べていたそうです。葉っぱではさんでいるので、手づかみで食べられることも、忙しい農家の暮らしに合っていました。

冷蔵庫がない頃、夏のご飯は、竹のざるのような「おはち」に入れ、家々にある井戸の中につるして保存しました。それでも少し傷むことはあり、そんなご飯も洗って焼くことで残さず食べました。昔は葉に油は塗らず、フライパンでなくほうろくでじっくりと焼きつけたものですが、少し油を塗ると葉っぱをはがしやすく、コクも加わるので、塗るようになりました。

協力＝鬼原一雄　著作委員＝中路和子

撮影／高木あつ子

<材料> 3〜4個分

残りご飯…100g
小麦粉…大さじ2と1/2
味噌…大さじ1/2
砂糖…大さじ1/2
油…適量

みょうがの葉3〜4枚

<つくり方>

1 みょうがの葉はきれいに洗い、水けをきる。
2 ご飯をさっと洗い、水けをきる。
3 小麦粉、味噌、砂糖を混ぜ合わせ、2を加えて混ぜる。ご飯の粒を軽くつぶしながら手でまんべんなく混ぜる。
4 みょうがの葉の表側に油を薄く塗り、3を葉の幅の広いところに小判形に平たくのばす。厚さは5mm程度までが適当。
5 葉を二つ折りにしてはさむ。
6 フライパン等で葉に焦げ目がつくくらいまで両面を焼く。葉をむいて食べる。

◎時間がたってかたくなったご飯は、洗うことで粉や味噌と混ぜやすくなる。ご飯自体も水を含んでおいしくなる。

撮影／長野陽一

＜材料＞ 4人分

残りご飯…茶碗2杯分（300g）
小麦粉…300g（ご飯と同量）
水…80㎖
砂糖…適量
醤油…適量（砂糖と同量）

＜つくり方＞

1 ご飯をザルに入れて水にさらし、粒をほぐす。水を軽くきっておく。
2 1に小麦粉をまぶし、分量の水を加えて、ひとかたまりになるまで手でこねる。
3 ゴルフボール大に丸め、両手ではさんで平たくする。なるべく平らにするとゆで上がりが早い。
4 お湯を沸かして3をゆでる。沈んでいたものが浮き上がってきたら、ザルにあげる。
5 砂糖と醤油を混ぜたたれにつけて食べる。

〈東京都〉

めしもち

山間の奥多摩町では水稲をつくることができず、たまに陸稲《おかぼ》を育てていた家もありましたが、麦やそば、あわ、きびなどの雑穀が中心でした。米は貴重だったので、残りご飯は小麦粉を足してめしもちをつくり、ゆでておやつにしました。すいとんの代わりに汁に入れて食べることもありました。

朝炊いて残ったご飯は、水をためるかめの近くにおきました。この水は沢から引いた水なので冷たく、かめの周りはひんやり涼しかったからです。それでも夏場はご飯がにおうことがあり、少しにおいがついたご飯でも、めしもちにするとおいしく食べられました。

こねたり丸めたりは子どもたちも手伝いました。ゆで上がるのをじっと見ていると、その間に母親がたれを用意してくれます。ゆで上がった熱々のうちがおいしく、冷めたら囲炉裏の火で焼いて食べました。昔は油がなかなか手に入らなかったので油焼きはしませんでしたが、今は油やバターで焼くことも多くなっています。

協力＝大串久美子、望田千恵子、加藤勝代
著作委員＝大久保洋子、香西みどり

〈岡山県〉
ぎょうせん

手づくりの水あめです。麦芽の酵素が米のでんぷんを糖化した汁を煮詰めたもので、砂糖は一切使用しません。ご飯の甘さが濃縮されて、口の中に残らず奥深いコクがあり、ほっとする懐かしさを感じます。「ぎょうせん」という呼び方は生薬の地黄を加えた水あめ「地《じ》黄煎《おうせん》」から来ているようです。

県北東部の城下町・津山の周辺は豊かな田園地帯で、農家では米も麦も身近にあり、麦芽からぎょうせんを手づくりしていました。麦芽は、玄麦（大麦）を2日間水につけ、むしろに薄く広げて黒の寒冷紗《かんれいしゃ》で覆い15〜20℃に保つと3日ほどで発芽します。芽が1〜2cm出たら天日乾燥し、もみほぐして芽は落とし、粒の方を使います。できたぎょうせんは箸にまくったり（巻きつけたり）、フライパンではじかせた米にからめて食べたものです。昭和50年頃には行商から買うことが多くなり、それもとてもおいしかったそうです。現在では手づくりする家庭はほとんどありませんが、身近なものから甘味をつくりだす知恵は貴重です。

協力＝須江寛臣　著作委員＝人見哲子

＜材料＞ できあがり約1.2kg分

うるち米…1升
麦芽…1合*
熱湯…1.8ℓ **

*容量比で白米の10%。
**重量比で蒸す前の米の1.2倍。

＜つくり方＞

1 米は洗って夏は12時間、冬は24時間水につけ、水けをきりせいろで30分蒸す（写真①）。炊飯する場合は、通常よりやわらかく炊く。
2 発泡スチロールなど保温性の高い容器に熱湯と1の米（炊いたご飯の場合はご飯だけ）を入れる。かき混ぜながら約75℃まで下げる（写真②）。麦芽を入れさらに混ぜ約70℃まで下げる（写真③）。
3 全体によく混ざったら（写真④）蓋をして、60〜70℃の温度を保ち糖化させる。蓋を開けずに内部温度が計測できるタイプの温度計でチェックする。冬季は温度が保てないので耐熱のペットボトルに熱湯（100℃）を入れて糖化中の容器に沈め、さらに木箱で覆うなど工夫する（写真⑤）。
4 8時間程度で糖化が終了。水分が出ているのが糖化の進んだサイン（写真⑥）。粗く砕いた麦芽だと早く進む。
5 4を木綿の袋でこして汁をしぼる（あめ汁）（写真⑦）。
6 あめ汁をステンレスかホーローの器に入れて火にかける。汁が半分くらいになるまで約4時間、やや強火で煮つめる（写真⑧）。その後は弱火で、さらに半分程度になるまで煮つめる（最後まで強火だとあめの色が黒ずむ）。
7 冷めるとかたくなるので、ややゆるめかと思うあたりで火を止め、冷ます。ビンや密閉容器などに移して保存する。

◎少量なら、半分煮つめたあめ汁を耐熱性の密閉容器に、深さの半分以下に入れ、電子レンジで吹きこぼれに注意しながら1、2分ずつ煮詰めると、あめの色がきれいに仕上がる。
◎麦芽はビール醸造用などとして通信販売でも入手できる。
◎箸に巻きつけられるかたさなら常温で保存可能。

＊写真は4kg（2.7升）の米で仕込んでいるところ

①

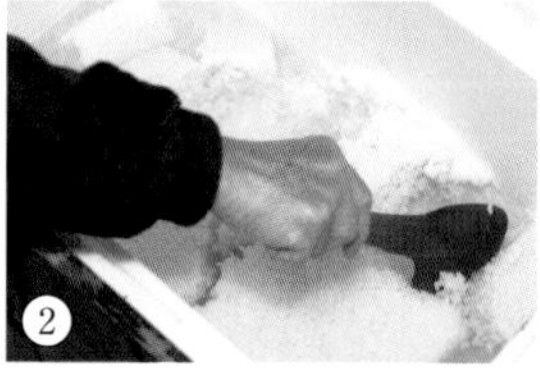
②

③

④

⑤

⑥

⑦

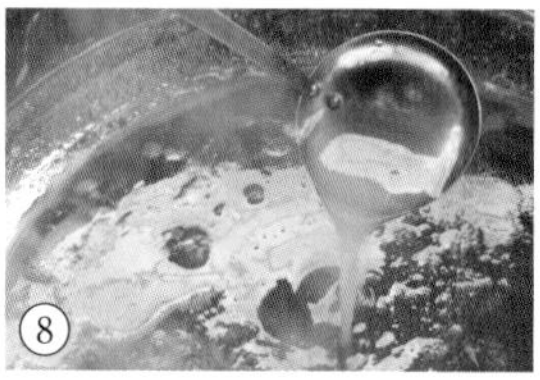
⑧

撮影／長野陽一

甘酒〈宮崎県〉

甘酒は県内各地で、その年の五穀豊穣を感謝する祭りにふるまわれてきました。鹿児島県との県境の霧島山麓に位置する都城《みやこのじょう》市では11月3日を豊穣《ほぜ》の日として、手づくりの熱い甘酒とその熱さをやわらげるこんにゃくを一緒に神仏に供え、家人も直会《なおらい》としていただく慣習がありましたが、祭りはなくなりました。現在、10月の終わり頃になると「そろそろ豊穣だからつくらんとね」と家庭では毎年、甘酒を仕込みます。

都城では昔から、ついたもちに麹を混ぜてつくります。寒い時期ですが保温はせず、1週間から2週間ほど1日に1回かき混ぜます。こうしてできた甘酒は水分が少ない分、甘味が強くて味もよく、日持ちがいいのです。熱湯で薄めるとまったりとなめらかな口当たりで、ここに麹の粒々が残っていてそれがおいしいと地元の人はいいます。薄めずにそのまま食べてもおいしく、昔は霜に当てて乾燥させコロコロにしておやつにしたそうです。

協力＝土屋由喜子、都城西岳加工グループ
著作委員＝秋永優子、篠原久枝

＜材料＞ 約2ℓ分

もち米…1kg
米麹…500g

◎合計でもちつき機の容量以下（1升用なら1.5kg以下）。

＜つくり方＞

1 もち米を洗って一晩水につけ、蒸して、もちつき機でやや長めにつき、きめの細かいもちをつくる。
2 すーっと立ち上る湯気がおさまったら麹を加え、もちつき機の蓋をしてさらに2～3分つく。
3 全体に麹が混ざったら、かめや保存用容器に移し、すりこぎなどの棒でよくつき混ぜる。
4 どろっとやわらかく、粘りがきれるようになったら（写真①）、空気が通るように、棒をさしたまま布やザルをかける（写真②）。きっちり蓋はしない。
5 冷暗所に保管し、冬場は1日1回、夏場は1日4～5回つき混ぜる。表面に水が薄く浮かんだようになればできあがり。冬場は1～2週間、夏場は3～4日。

◎もちが冷めると麹が混ざりにくく、熱すぎると酵素が失活して失敗しやすい。

◎もちつき機の蓋に麹がパラパラと当たる音がしなくなったらとり出す。長くつきすぎると粘りが出て釜につき、とり出しにくくなる。

◎かめや棒は甘酒専用にする。他の用途に使った容器ではうまくできないといわれている。

撮影／高木あつ子

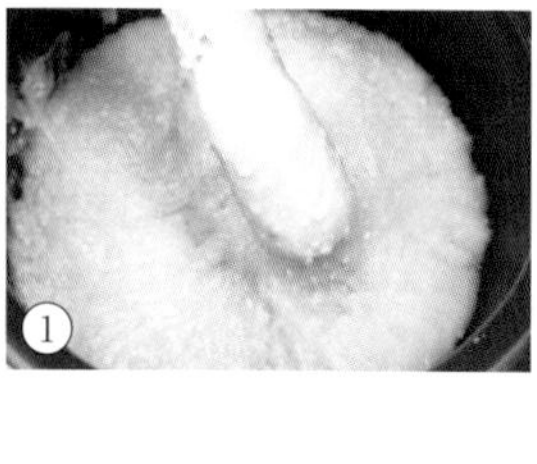

できあがりはかためで麹の粒々がある。湯で好みの濃さに薄めて飲む

撮影／長野陽一

＜材料＞ 約1ℓ分

- うるち米…1.5合
- 水…250mℓ

- きび砂糖…120g
- 水…500mℓ

- さつまいも…正味60g
- 水…250mℓ

＜つくり方＞

1. 米は一晩水につける。
2. 1をザルにあげ、分量の水とミキサーにかける。
3. 鍋にきび砂糖と分量の水を入れ、2を加えて弱火で煮る。焦がさないように木べらで混ぜながら、沸騰から8分ほど煮て米に火を通す。火が通るとだんだん混ぜる手が重くなり、液体に透明感が出てくる。
4. さつまいもは皮をむき、分量の水を加えてミキサーにかけ、さらしでしぼる。
5. 3が30〜35℃に冷めたら、4のしぼり汁を加えてよく混ぜる。
6. 容器に入れて常温で保存する。蓋は軽くのせる程度にして、きっちり閉めない。ペットボトルに入れて口を紙で覆ってもよい。
7. 夏は1日、冬は2日で発酵してできあがり。蓋を閉めて冷蔵庫で保存し、3日くらいで飲みきる。

◎さつまいものしぼり汁は熱いうちに加えないこと。温度が高いと発酵しない。

ミキ

〈鹿児島県〉

ミキは奄美群島の長寿者が愛飲している、米とさつまいもときび砂糖でつくる発酵飲料です。つくり方は独特で、生のさつまいもに含まれている酵素（アミラーゼ）を利用して米のでんぷんを分解し、そこに植物性乳酸菌が働いてさわやかな甘味とほのかな酸味がつきます。乳酸菌が生きているので最初は酸味はまろやかですが、だんだん酸っぱくなります。

昔はノロ（集落の平和と繁栄を祈願する女性の祭司）が豊穣を祈る祭りには必ずつくり神に供えられましたが、現在は祭りが減りミキをつくれる人も少なくなっています。代わりに昭和30年代からは市販品が増え、小瓶の冷蔵品や現在は紙パックの冷凍品も流通し、日常的な飲み物になりました。

奄美のお年寄りは夏バテ予防や食欲のないときによく飲みます。食事の代わりにミキを飲んで命をつないだという人や、ミルクが合わずにやせた赤ちゃんがミキで元気になって喜ばれたという話もあります。ミキは長い歴史を経て今も奄美の人たちに愛されています。

協力＝大和田明江　著作委員＝久留ひろみ

米粉でつくる

うるち米やもち米の粉でつくるもちやだんご、まんじゅうです。小麦粉やかたくり粉もブレンドして、もちもち、ぷりぷりとした食感をつくります。生地自体に黒砂糖や味噌、醤油や柿を混ぜたり、甘いあんや塩味の具を包んだり。形も模様もさまざまにつくれます。

〈北海道〉
べこもち

「端午の節句といえばべこもち」というほど、白砂糖と黒砂糖でつくる2色のべこもちは道南を中心に親しまれています。べこもちのいわれは、白と黒の配色が牛（べこ）に似ている、黒色の部分がべっこう色（べっこうもち）、材料が米《べい》粉《こ》（べいこもち）など諸説あります。

道南の松前町は日本最北の城下町、交易都市で、江戸時代には北前船により大阪、京都、北陸などの文化が伝承され、また東北地方の影響も強い地域です。そのため、べこもちをつくる習慣は山形県の「くじらもち」（p73）がルーツとも、北前船が運んだ菓子文化の影響を受けたとも考えられています。また青森県にも同じ名前のお菓子があります。

道内でもつくり方はいろいろで、松前町では手で成形し葉脈の模様を刻みますが、木の葉やたけのこ形の木型を使う地域もあります。今は「べこもち粉」も市販されており、節句が近づくとべこもちづくりの得意な家がたくさんつくって隣近所におすそ分けをしたりします。

協力＝松谷和子、西村信好、石山直子
著作委員＝佐藤恵、畑井朝子

＜材料＞ 大8個分

A
- 米粉*…100g
- 黒砂糖…40g
- 熱湯…65mℓ

B
- 米粉*…100g
- 上白糖…40g
- 熱湯…65mℓ

笹の葉…4枚

*もち粉120gと上新粉80g（もち3：うるち2）を合わせ半量ずつ使う。

＜つくり方＞

1 Aの生地をつくる。黒砂糖を熱湯で溶かし、米粉に少しずつ加えて箸で混ぜ、手でひとまとめにして粘りと弾力が出て全体にまとまるまでよくこねる。お湯の量は、耳たぶほどのかたさになるように加減する。
2 直径3cmほどの棒状にまとめる。
3 Bの生地をつくる。米粉と上白糖を混ぜた中に熱湯を少しずつ加え、Aと同じようにこねて棒状にまとめる。
4 AとBを並べて包丁で8等分にする（写真①）。
5 AとBを1本ずつとり、2つに割って市松に合わせ（写真②）、にぎって1つにまとめる。
6 両手で丸めて縦8cm、横6cm程度の丸や葉の形に整え、箸で葉脈の模様をつける（写真③）。
7 斜め半分に切った笹の葉にのせ、強火で20〜30分蒸す。表面がふっくらとつややかになったら蒸し上がり。

◎冷めるとかたくなるので、蒸し直すか表面をさっと焼く。

撮影／高木あつ子

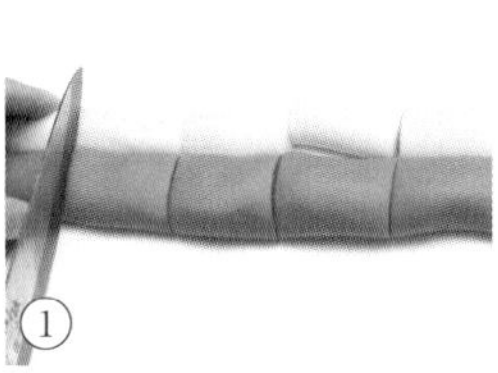

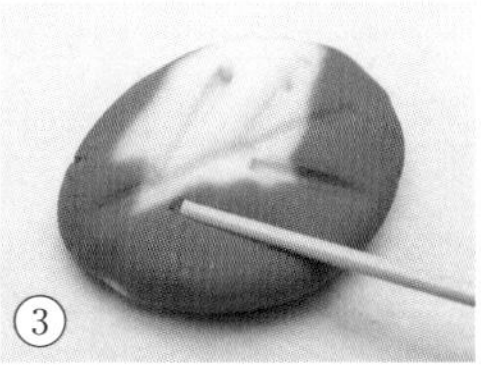

〈青森県〉

べこもち

下北地域では、端午の節句になるとべこもちをつくります。べこもちはもち粉とうるち米粉に黒砂糖と白砂糖を入れて別々に混ぜ、2色の生地を組み合わせて模様をつけたもち菓子です。きれいに模様を出すのは難しく、稲わらを束ねた「たばね模様」のつもりなのに、失敗すると「これはがに(蟹)だが?」とからかわれることもあり、上手にできるとうれしかったそうです。他にも組み合わせ次第で、しょうぶや藤などさまざまな模様がつくれます。

東通村《ひがしどおり》の大利《おおり》地区は下北でも気候に恵まれていたため水田が多く、もち米が8割、うるち米が2割のもちもちとしたべこもちがつくれました。米があまりとれない地区では、うるち米の割合が多かったといいます。昭和20年代後半頃までは、毎月20日は農家の休日と決められており、働くと罰金をとられたそうで、その日にもべこもちをつくりました。蒸し直せば時間がたっても食べられるので、手軽なおやつとして今でも親しまれています。

協力=相馬かづ　著作委員=今井美和子

<材料> 15切れ分

もち粉…400g
うるち米粉…100g
┌上白糖…100g
└ぬるま湯…170～180mℓ
┌黒砂糖…50g
└ぬるま湯…70mℓ

<つくり方>

1 粉はよく混ぜ、350gと150g(7:3)に分ける。上白糖と黒砂糖はそれぞれふるっておく。
2 350gの粉に上白糖を加えてよく混ぜ、ぬるま湯を少しずつ加えながら菜箸で混ぜる。150mℓほど加えたところでにぎってひとまとまりになるくらいになったら手でこね、残りのぬるま湯も少しずつ加える。粘りが出て耳たぶほどのやわらかさになるまでよくこねる。
3 **2**を100g×5個に丸め、残りの生地を2等分し、円柱状にする。乾燥しないようかたくしぼった布巾をかけておく。
4 150gの粉に黒砂糖を加えてよく混ぜる。ぬるま湯を少しずつ加えながら菜箸で混ぜ、**2**と同様によくこねる。
5 **4**を5等分して丸める。黒い生地の塊が5つと白い生地の塊が大5個、小2個(円柱状)できる(写真①)。
6 大きい方の白い生地を直径10cmほどの円盤形にのばし、**5**の黒い生地を1つ中に入れて(写真②)包む。丸めてから直径12cmほどの円盤形にのばす。残り4個も同様にする。
7 **6**を5個重ね、真ん中の部分を幅1.5cmほど切り出す。
8 切り出した生地を左右の生地の真ん中におく(写真③)。左右の生地は、真ん中に向かって高さが低くなるように上下から中央部分を押して傾斜をつける。断面の上下を長さ12cmほどにのばした円柱状の白い生地ではさむ(写真④、⑤)。全体を押さえてまとめ、転がしながらのばし、長さ20cm、横6.5cm、高さ4.5cmほどのなまこ形にする(写真⑥)。
9 垂直に包丁を入れると断面に模様が出る(写真⑦、⑧)。1～1.2cm厚さに切り、オーブン用シートか、ぬれ布巾を敷いた蒸し器に少し間隔をあけておき、10分ほど蒸す。

◎黒砂糖をインスタントコーヒーと上白糖に替えてつくることもできる。

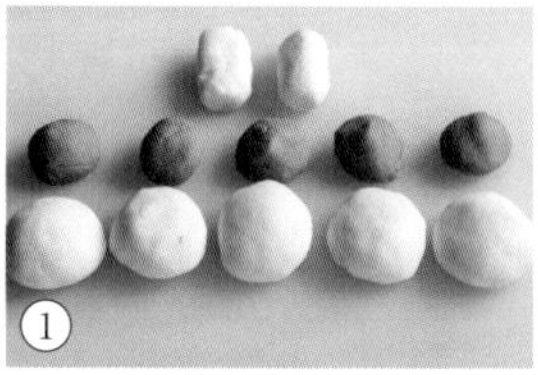
①

②

③

④

⑤

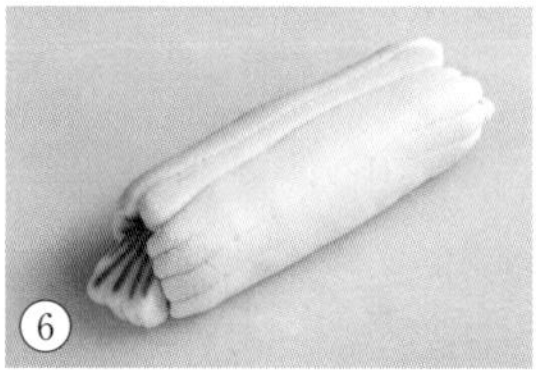
⑥

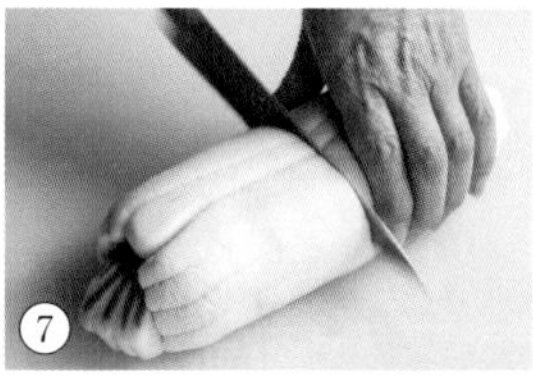
⑦

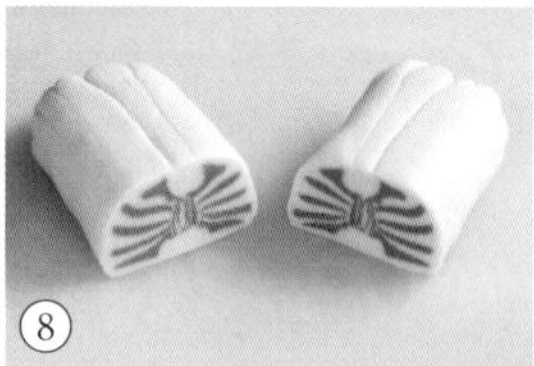
⑧

撮影／五十嵐公

〈青森県〉

しとぎもち

しとぎは米をつぶした粉でつくったもちのことをいい、もともと神様への供物という意味もあります。米どころの津軽地方はもち粉を使ったおやつがたくさんあります。しとぎもちも、中南津軽は小麦粉を加えず、もち米粉かだんご粉だけだったりと地域独特のつくり方があります。虫送り、稲刈りの終わり、農作業のいっぷく（こびる）、節句など折々の行事につくられました。もち粉の生地を油で焼くことでコクが出て、焦げ目が香ばしく、モチモチした生地と中のやわらかいあんがマッチします。

紹介するのは西津軽のつがる市のレシピですが、ここは津軽地方の中でも米がよくとれる穀倉地帯で、行事に限らず、普段からひんぱんにもち粉を使ったおやつをつくっています。昔は農作業のない冬になるとつくってくれたそうで、学校から帰ってしとぎがあるのが、子どもの頃はとてもうれしかったといいます。まずは仏様、神様にあげて、それから自分たちが食べたそうです。

協力＝工藤朝子、乳井栄子
著作委員＝北山育子

＜材料＞ 20個分

もち粉…300g
小麦粉…30g（もち粉の10％重量）
塩…小さじ2/3
水…2と1/4カップ（450mℓ）
粒あん…600g（30g×20個分）
油…適量

＜つくり方＞

1 もち粉、小麦粉を大きめのボウルに入れ、手で丁寧に混ぜてから塩を加えてさらに混ぜる。
2 水を徐々に加え、そのつどよく混ぜ、最後にこねてしっとりとつやが出てきたら、ぬれ布巾をかけて30分ねかせる。生地が落ち着き、手で丸めやすくなる。耳たぶくらいのかたさが目安。粉の乾燥具合で水の量は加減する。
3 **2**を20等分し（1個約55g）、まわりを少し薄くなるようのばし、あんを入れて丸める。
4 140〜160℃に温めたホットプレートに油を薄くひき、**3**をのせ、手でもちを軽く押しつぶし（写真①）、直径6cm、厚さ2.5cmほどにし蓋をしてゆっくり10分ほど焼く。
5 焦げ目がついたらひっくり返し、手でしとり（差し水）を30mℓほどうち（写真②）、蓋をして火が通るまでゆっくり焼く。差し水でふっくらやわらかく焼き上がる。
6 さらしにとり、粗熱がとれたらラップでくるむ。

撮影／五十嵐公

しとぎもちの断面。もっちりした生地と甘いあんがよく合う

撮影／奥山淳志

〈岩手県〉

ひなまんじゅう

米粉の生地であんを包み、色をつけたもち菓子で、花まんじゅう、花だんご、ひなだんごとも呼ばれます。女の子のいる家庭では桃の節句には必ずつくり、くるみと黒砂糖入りの「きりせんしょ」（p68）とともにおひな様や神様、仏様に供えました。

このお菓子が見られるのは県央部の北上川流域の水田地帯です。この一帯は旧南部藩の城下町で、各地との往来がありました。遠野市や花巻市大迫《おおはさま》町はかつて宿場町として栄え、代々受け継がれた貴重なひな人形も多く残っています。女の子たちは家々のひな人形を見て歩き、ひなまんじゅうをいただく習慣があったそうです。

形や色づけは地域で異なり、遠野市周辺では生地に色をつけて練りきりのように成形しますが、盛岡市や滝沢市周辺では木型で花などの形にしてほんのりと淡く色をつけます。色づけは子どもがすることもあり、桃の節句の前日までに、母と娘、祖母と孫とで一緒につくり、供えたそうです。

協力＝藤倉フヨ、藤倉昌枝、高橋きみ子
著作委員＝冨岡佳奈絵

<材料> 8個分

うるち米粉…210g
もち粉…70g
熱湯…200mℓ
あん…240g
食紅（赤・黄・緑）…適量

<つくり方>

1 うるち米粉ともち粉を合わせ、熱湯を回しかけるように加えて箸で混ぜ、手でまとめる。熱湯はまず八分目程度を2〜3回に分けて加え、様子をみながら残りを足す。粉が水を吸ってまとまればよい。
2 生地をひとにぎりずつに分け、蒸し器に並べて15分蒸す。
3 蒸し上がった生地をボウルにとり、熱いうちにすりこぎでつく。さわれる程度の温度になったら粘りが出るまで手でよくこねる。
4 **3**を8等分にする。それぞれ丸めてから平たくのばし、中に8等分にしたあんを包む（写真①）。
5 生地の合わせ目でない方を型にのせて押す。
6 型押しした模様に薄く溶いた食紅で色をつける。

◎翌日にはかたくなるので焼くか蒸し直す。

ひなまんじゅうの木型。下は古くから使っており、彫りが浅くなっている

〈岩手県〉

きりせんしょ

砂糖醤油で味をつけたもちで、ひと口かじると中から黒砂糖がとろっと出て、くるみや黒ごまの風味と歯ごたえがおいしいです。古くから盛岡市や滝沢市、花巻市、遠野市、紫波《しわ》町などの県央部で桃の節句には「ひなまんじゅう」（p67）とともにつくり、おひな様や神様、仏様に供えました。農作業の小昼《こびる》（おやつ）や冠婚葬祭、また、雨が降って農作業ができないときなどにもつくられ、この地域で最も親しまれてきたおやつといえます。

古くは山椒を刻んで浸した汁で粉を練ったところから「切り山椒」と呼ばれ、これが「きりせんしょ」になったという説がありますが、現在は山椒を加えずにつくります。材料やつくり方は地域や家庭でも多少違い、うるち米粉だけでつくる家や、中に黒砂糖を入れない家もあります。ここでは蒸してからこねましたが、紫波町や花巻市では生地を一晩ねかせてからこねて蒸すそうです。各家庭のつくり方は木型とともに母から娘、姑から嫁へと受け継がれています。

協力＝藤倉フヨ、藤倉昌枝、高橋きみ子
著作委員＝冨岡佳奈絵

＜材料＞ 7個分

うるち米粉…210g
もち粉…70g
熱湯…160mℓ
┌ 黒砂糖…30g
│ 醤油…30g
└ 水…10mℓ
黒ごま…大さじ1
鬼ぐるみ…15g
黒砂糖…30g

100年以上使っているきりせんしょの木型

＜つくり方＞

1 うるち米粉ともち粉を合わせ、熱湯を回しかけるように加えて箸で混ぜ、手でまとめる。熱湯はまず八分目程度を2〜3回に分けて加え、様子をみながら残りを足す。粉が水を吸ってまとまればよい。
2 生地をひとにぎりずつに分け、蒸し器に並べて15分蒸す（写真①）。
3 黒砂糖と醤油、水を合わせて火にかけ、煮溶かす。
4 蒸し上がった生地をボウルにとり、熱いうちにすりこぎでつく。
5 生地が均一になったら温かい**3**を少しずつ加えてさらにつき、さわれる程度の温度になったら、粘りが出るまで手でよくこねる。黒ごまを加え、ごまがまんべんなくいきわたるよう、さらにこねる。
6 7等分にし、縦長にのばしてくぼみをつくり、そこへ砕いた黒砂糖を入れてとじる（写真②）。このとき生地をつまんでしっかりとじないと後で黒砂糖がしみ出てくる。
7 粗く砕いたくるみを木型におき、生地の合わせ目でない方を型にのせて押す（写真③）。
8 型からはずしてできあがり。

◎粉の乾燥状態やその日の天気によって生地に加える熱湯の量が変わる。生地がやわらかすぎると木型の模様がつきにくい。

◎**5**で生地をよくこねることで、のびやすく舌ざわりもよくなる。

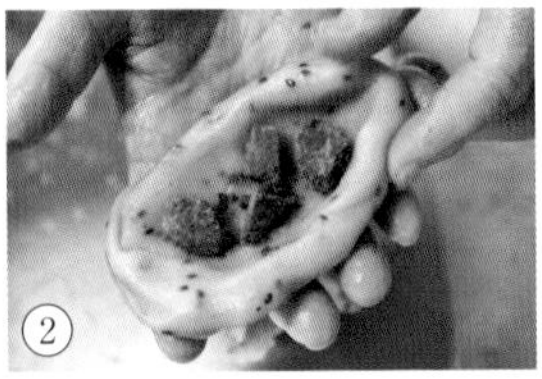

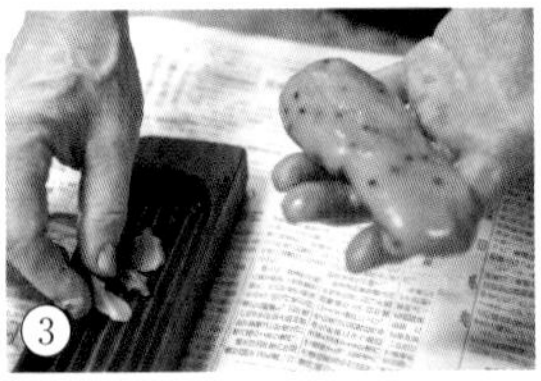

撮影／奥山淳志

柿のり

〈宮城県〉

干し柿と湯、米粉をつき混ぜてつくる簡単なおやつです。県南の丸森町や角田市では昔から渋柿の「蜂屋柿」が各家の屋敷や畑の周りに植えてあります。以前は晩秋になると軒先にたくさんの柿がつりさげられている様子が見られました。今のように甘いおやつが少なかった頃は干し柿の甘味は貴重で、このまま食べる他、酢の物やたくあん漬けにも使いました。

柿のりは、干し柿だけでは物足りないというときにつくりました。かさが増え、腹持ちがよくなるうえ、ほどよい甘味を楽しめます。ただ、生の米粉を使っているため、食べすぎると胃もたれを起こすこともあったそうです。

冬や春先の山仕事は体が冷えるので焚き火をし、そこで柿のりを焼いて食べました。焼くと米と柿の香りがたち、生とは違ったおいしさになります。家では昔は囲炉裏で灰をかぶせて焼きましたが、最近はフライパンやホットプレートを使います。

協力＝赤坂あさの、赤坂和昭、佐藤恵子
著作委員＝和泉眞喜子、野田奈津実

撮影／高木あつ子

<材料> つくりやすい分量

干し柿…10個（350g）
上新粉…70g（干し柿の20%重量）
砂糖…30g(好みで増減させてもよい)
50〜60℃の湯…1/4カップ程度
（干し柿の15%重量）

<つくり方>

1 干し柿はへたと種をとり除き、細かく切る。
2 すり鉢に入れ、すりこぎで押しつぶしながらする。好みですり加減は調節する。湯を加え、もったりとした状態になるまで混ぜる。好みで砂糖を加えてよく混ぜる。
3 上新粉を加えて混ぜ、味噌のかたさか、それよりややかためになるように混ぜる。粘りが出ないよう、こねずにすりこぎでつき混ぜる（写真①）。器に盛って箸で食べる。

◎3の生地を焼いて食べてもよい。その場合は薄い丸形にしてフライパンやホットプレートで軽く焦げ目がつくよう両面を3分くらいずつ焼く。

撮影／高木あつ子

＜材料＞ 5人分

うるち米…50g
砂糖…70g
水…2カップ
酢…大さじ1と2/3
缶詰のみかん、きゅうり…適量

＜つくり方＞

1 米は洗い、水に2時間以上浸漬する。ザルにあげて5分ほど水をきる。

2 1をミキサーに移し、水を半量加え、好みの粒度になるまで粉砕する。ミキサーの代わりにすり鉢を使ってもよい。

3 鍋に2を入れる。ミキサーに残っている米は、残りの水を少量ずつ加えて混ぜながら、すべて鍋に移す。

4 鍋を中火で加熱し、焦がさないようにへらでよくかき混ぜる。とろみがつき、プツプツ沸騰してきたら直ちに砂糖を加え、透明になったら火を止めて酢を加えてよく練る。

5 粗熱がとれたら、好みで缶詰のみかんやきゅうりの輪切りをトッピングする。

◎初めから上新粉などの米粉を使ってもよい。その場合は、つくり方の1、2は省略。

◎残ったみかんときゅうりはワカメとともに酢の物にして食べる。トッピングは、いちごやぶどう、りんごなど旬の果物でもよい。潟上地区では、かぶの漬物や湯がいたかぶをのせることもある。

〈秋田県〉

あさづけ

米どころ秋田県ならではの米の粉のおやつです。練った米粉を砂糖と酢で味つけした酢の物でもあります。甘酸っぱくさっぱりとした風味と、とろりとした食感が特徴で、夏によく食べられます。昔は精米過程で出る砕け米（こざき）を使ったため、県南では「こざき練り」とも呼ばれています。

県北西の八郎潟町は昭和20年の大火で焼け野原となり、当時はとても貧しく、焼き味噌おにぎり、干しもち、刻んだかぶときゅうりが入った甘味のないあさづけなどがおやつでした。日常的にはかぶを、祝儀や不祝儀には果物を添えるなどしてお客をもてなしました。

あさづけは今も家でつくられますが、スーパーなどでも惣菜と一緒に並んでいます。さなぶり（田植え後のお祝い）の料理、また女性の集まりのお茶うけに出されており、年配の女性が喜ぶ一品です。このような食べ方は他県ではみられず、秋田県独特の米のスイーツで、郷土料理の一つとして受け継がれています。

協力＝青山トキ子、北嶋セイ子、畠山恵子
著作委員＝大野智子

〈秋田県〉

ごま巻きもち

県北地域でよく食べられており、ベージュ色と黒色が合わさったうずまき模様が特徴です。もちもちとしたやわらかい食感と、たっぷり入ったごまが香ばしく、どこか懐かしいお菓子です。県北地域では、もちは神祭りや年中行事、人生儀礼など特別な日に神仏に供える供物としての役割をもつ食べもので、昔は何かにつけてもちを供えて食べたものです。

旧鷹巣町（現北秋田市）の小正月は必ずもちを食べる風習があり、今は毎年2月に開催される「もちっこ市」で、おやき、草もち、干しもち、ごま巻きもちなどが販売されています。また、6月の「もちっこまつり」など、季節を問わず手づくりもちのイベントが行なわれる地域です。ごま巻きもちは農家の主婦が冬の農閑期に健康によいごまをたっぷり入れてつくったのが始まりとされ、地元では長寿もちとも呼ばれます。誰でも簡単につくれるので、今も法事などの際につくったり、持ち寄ったりします。年齢を問わず、大人にも子どもにも好評なお菓子です。

協力＝田村弘子　著作委員＝逸見洋子

撮影／高木あつ子

＜材料＞ 1本分

もち粉…200g
砂糖…50g
水…170mℓ
┌黒ごま…100g
└砂糖…70g
┌白ごま…100g
└砂糖…70g

＜つくり方＞

1. もち粉に砂糖と水を加えて混ぜもちのようになるまで手でこねる。丸めた状態で、きつくしぼったぬれ布巾またはさらしに包んで、蒸し器で強火で10分蒸す。
2. 黒ごまを炒ってミキサーにかけてトロトロのペースト状にする。そこに砂糖を加えて混ぜる。すり鉢ですってもよい。
3. 白ごまも同様にする。
4. 1が蒸し上がったら2つに分割してボウルに移し、2と3をそれぞれ練りこむ。
5. それぞれを巻きすの大きさに手で押しのばし、2枚重ねて巻きずしのように円柱状になるように巻く。
6. 粗熱をとり、1cmほどに切り分ける。

上は黒砂糖、下は砂糖（上白糖）を使用

撮影／長野陽一

＜材料＞ 25×8×6cmの型*5本分

もち粉…6カップ（720g）
うるち米粉…4カップ（520g）
かたくり粉…50g
A ┌砂糖…1kg（黒砂糖でもよい）
　│醤油…1カップ
　│塩…少々
　└水…1.5カップ
和ぐるみ（地元産）…好みの分量

*専用のステンレス型があり、底に直径7mmの穴が11個あいている。蒸す間に生地の水分が少しずつ抜け、しっかりしたもちになる。牛乳パックに穴をあけて代用できる。

◎かたくり粉を入れるともちにつやが出る。

＜つくり方＞

1. 鍋にAを入れ、木じゃくしでかき混ぜながら強火にかける。煮立ったら火を止めて冷ます。
2. 粉類を混ぜ合わせ、1を少しずつ加えて木じゃくしや手でかき混ぜる。量が多いときは手の方がやりやすい。全体が混ざり、すーっと糸を引くくらいのかたさにして、蓋などで覆って一晩ねかせる。
3. 型にぬれ布巾を敷き、くるみを散らして2の生地を流し入れる。強火で2時間、途中、お湯を足しながら蒸す。
4. 型からはずし、熱いうちに耐熱性ラップに包んで冷ます。食べるときにラップをはがして1〜1.2cm厚さに切り分ける。

◎生地がかたいときは蒸す前に水を加えて微調整する。型に入れるとき、生地が連なって流れ、折り重なるくらいがよい。

◎2、3日たつとかたくなるので、切ってオーブントースターやホットプレートなどで焼く。

〈山形県〉

くじらもち

県北東部の新庄《しんじょう》市や最上《もがみ》地方では、旧暦の桃の節句になると色とりどりのくじらもちを大皿に盛りつけてひな壇の前にお供えします。くじらもちに使う米の粉は細かいほど仕上がりがなめらかになります。かつては米を3日以上浸水してから乾燥させ、製粉所に持ち込んでいました。仕込みから蒸し上がるまでに数日かかるので、春彼岸の頃から準備を始めていたそうです。節句当日、晴れ着を着た少女たちが連れ立って「おひな様、見せてください」と家々を訪ねると、その家の人は自慢のくじらもちと甘酒でもてなしました。

塩くじらに形が似ていることで「鯨」、保存性が高い、つまり久しくもつので「久持良《くじら》」とも呼ばれ、最上地方では保存食として重宝されたそうです。昔は、「あたこい（温かい）」うちは食べずに、2、3日たってかたくなったものを焼いて食べました。1cm厚さに切ってわらで編んで干すとひと月ほど保存でき、これは弱火であぶったり油で揚げたりしました。

協力＝松坂初子、松坂浩美、佐々木このえ
著作委員＝宮地洋子

柿もち

〈栃木県〉

日光東照宮や男体《なんたい》山、中禅寺湖がある日光市の中で、旧今市《いまいち》市周辺は水田地帯でもち米がとれる一方、山が近いので雑穀も豊富に入手できました。そのため、正月から大寒の頃にかけては、あわ、きび、大豆などを入れたもちをよくつきました。

もち米の他に上新粉を使ったもちもあり、その一つが干し柿を入れたほんのりと甘い柿もちです。この地域では蜂屋柿を使います。男体おろしの冷たい風と冬型の晴天により、家の軒先でおいしい干し柿ができました。

干し柿ができるのは正月も近くで、もちをつく時期と重なります。家々でもちをついていた頃は、蒸してだんご状にした上新粉と干し柿を臼と杵でついて柿もちをつくりました。熱い干し柿ピューレに上新粉を加えてこねる方法もあり、ここではピューレでつくるレシピを紹介します。上新粉のもちは日がたつとかたくなりますが、柿もちはあまりかたくならずにおいしく食べることができました。

協力＝加藤ステ、加藤すみ子、沼尾とみ子
著作委員＝名倉秀子、藤田睦

撮影／五十嵐公

＜材料＞ つくりやすい分量

上新粉…1kg
干し柿…約20個

＜つくり方＞

1 干し柿は、かぶるくらいの水に浸してふやかす。
2 戻った干し柿は種を除きながら細く切り、水と一緒にミキサーにかけピューレ状にする。
3 **2**の干し柿のピューレを鍋でもったりするまで煮詰める。800〜900gくらいになればよい(写真①)。
4 こね鉢に**3**を入れ、上新粉を少しずつ加えて最初は木べらで合わせる。ピューレが熱いので注意する。
5 全体を混ぜ、手でよくこねた後、50gくらいずつつかみとり、生地全体に蒸気が行きわたるようにすき間をあけて蒸し器に入れ、15分蒸す(写真②)。
6 こね鉢に戻し、最初は木べらで、次に手で棒状に4本くらいにまとめる(写真③)。自然に冷ました後、1〜1.5cm厚さに切る。軽く焼いて食べる。

やわらかいが粘らずちぎれる

あんぼ

〈新潟県〉

　米粉を使ったまんじゅうのようなもので、豪雪地帯である津南《つなん》町や十日町市で主につくられています。これらの地帯は稲作が中心で、麦や粟などの雑穀はほとんどつくらず、基本食はあくまでも米です。しかし棚田や冷水田が多く、苦労の割には収穫が少なく、出荷できない「いるご（くず米）」を粉にして食べました。

　毎晩夜なべでいるごを一粒も飛ばさないように石臼で粉にして、翌朝は暗いうちに起きて、粉に湯を注いでこねてあんぼをつくるのが、雪国のオンナしょ（女性、女衆）の欠かすことのできない仕事でした。皮によもぎを入れることも多いのは、つなぎになり皮の量が少なくても包みやすくなるからです。

　見た目も具も地味ですが素朴な味があり、郷土の知恵として受け継がれてきた隠れた名産品です。いるごでつくったあんぼは食感がよいものではなかったといいますが、今は上質な米粉を使って皮はモチモチ、具もいろいろなあんぼが工夫されています。

協力＝関タカ子　著作委員＝伊藤知子

撮影／高木あつ子

＜材料＞ 10個分（あん5個＋菜あん5個）

【皮】
上新粉…350g
もち粉…150g
湯…400〜500mℓ（粉の80〜90％重量）
よもぎ*…50〜60g

【具】
あん…150g
菜あん
- 大根菜…350g
- 砂糖…10g
- みりん…少々
- 味噌…50g
- 油…大さじ1/2

*よもぎ粉末の場合…10〜15g。

＜つくりかた＞

1 皮をつくる。粉を合わせて混ぜながら、少し熱めの湯を入れて、耳たぶくらいのやわらかさになるまでこねる。湯は一度に入れず、少しずつ加減しながら加えてこねる。
2 よもぎは葉先をゆでて水にとり、しぼって包丁で細かくたたき、すり鉢ですって1の生地の半量に混ぜこむ。
3 白の生地と緑の生地をそれぞれ5等分して丸める。
4 あんは5等分して丸める。
5 菜あんをつくる。大根菜はやわらかめにゆでてしぼり、細かく刻む。中華鍋でから炒りして、水分を飛ばしていったんとり出す。
6 鍋に油を入れて5の大根菜を炒め、砂糖とみりんを加えて味をからめた後、味噌を加えて味を調える。冷めたら5等分にして丸める。
7 生地を手で丸くのばしてあんを包みこむ。生地をのばしたとき、丸い中央の部分を少し厚めに、周囲を薄くすると包みやすい。生地とあんの組み合わせは好みで。
8 たっぷりの湯で7をゆでる。浮いてきたらゆで上がり。そのまま食べても、焼き網やホットプレートで両面を焼いて香ばしくしてもよい。

◎蒸気の上がった蒸し器で15〜20分ほど蒸してもよい。

〈新潟県〉
おこし型

　型だんごともいい、花や動物などを彫った木型に、赤・桃・緑・黄などの色に染めた生地を詰めてあんを入れ、型抜きして椿の葉にのせて蒸したものです。しんこもち、しんこ、しんこまんじゅう、おこしだんごなどとも呼ばれます。佐渡のひな祭りには甘酒やあられ、かたせ（干鱈）の味噌煮、かやむぐり（コウゾリナ）のごま和えとともに欠かせないお菓子です。村祭りのときにもつくられます。

　昔は小豆の塩あんのことが多く、砂糖あんが入ると大ごちそうだったそうです。今はあんを入れずに生地を甘くすることもあります。あんを入れると白地の部分にあんの色が見えたり、あんがはみだしたりしてつくるのが難しいこともあり、地元の小学校などでは、まずはあんを入れないつくり方を習っています。今は甘いお菓子が手軽に手に入りますが、甘いあんが「大ごちそう」だった時代から大切につくり続けられてきたことも一緒に伝えたいものです。

協力＝加藤初美、加藤カズ、加藤恭子、本間こず恵、吉良美代子　著作委員＝小谷スミ子

撮影／高木あつ子

＜材料＞ 25個分

だんご粉*…1kg
水（ぬるま湯）…約700mℓ
砂糖…50g
食紅（黄、赤、緑）…少々

椿の葉25枚

*上新粉7：もち粉3、もしくは5：5の割合で混ぜた粉。

木型は桜の木でつくる。素朴な中にも丁寧な仕上げがしてある。上左から桃とはす、かぶとぼたん、びわと亀、椿とぼたん。はすは法事用で、祝いには使わない

＜つくり方＞

1. だんご粉に砂糖を加え、水（ぬるま湯）を少しずつ加えながら手でこねる。まとまったらさらに水（ぬるま湯）を加え、耳たぶより少しやわらかいくらいまでこねる。ここでよくこねることが、おいしくなる最大のポイント。
2. こねただんごを白だんご用3：色だんご用1に分ける。
3. 色だんご用をさらに3等分し、赤、黄、緑の食紅をそれぞれ少しの水で溶いたものを混ぜてこねる。
4. 木型にだんご粉（分量外）をまんべんなくふり入れ、余分なだんご粉を落とす。
5. 色だんごを木型の模様に従っておき、白だんごで蓋をするように木型に合わせ形を整える（写真①）。
6. 木型を裏返しにし、まな板に軽く打ちつけてだんごをはずす。
7. だんごの模様がある面を上にし、椿の葉にのせる。蒸気が上がった蒸し器に入れ、霧を吹き、強火で10〜15分蒸す。
8. だんごの表面が半透明になったらだんごを出し、うちわなどであおいで冷ます。熱いうちにあおぐと、つやが出る。できたてはそのまま食べるが、かたくなったら蒸かし直したり、軽く焦げ目がつくまで焼いてもおいしい。

撮影／高木あつ子

〈山梨県〉

うすやき

米粉の生地を薄くのばして焼いた素朴なお菓子です。材料も少なく調理も簡単ですが、指で表面に筋をつけることで、焦げ目のつき方に変化がついて風味や食感の違いが楽しめます。うるち米の粉なので歯切れがよく、小腹がすいたときは何枚も食べられます。県内では米粉の代わりに小麦粉を使ったり、中に煮豆やあんを入れたものもありますが、ここで紹介するのは、南アルプス市を含む、峡西地域でつくられてきたうすやきです。

今は果樹や野菜の栽培が中心ですが、昭和30〜40年代は米、大麦、小麦、とうもろこし、さつまいもなどの主食用作物と大豆、小豆、野菜と、栽培する作物の種類が多く、食料は自給自足の生活でした。「折れ」と呼ばれる割れたり欠けたりした米、古米は村の挽《ひ》き屋でついてもらって粉にしました。小学生だった頃は、そういう米を石臼でひくのが仕事で、その粉でうすやきを焼いておやつにしたという話も聞きました。今はフライパンを使いますが、昔はほうろくで焼いたそうです。

協力＝小笠原益美　著作委員＝柘植光代

＜材料＞ 3〜4人分

うるち米粉…300g
塩…小さじ1
熱湯…2カップ
油…適量

＜つくり方＞

1 ボウルに米粉と塩を入れて、熱湯を少しずつ加える。
2 初めは熱いので菜箸で混ぜ、粗熱がとれたら手でこねる。耳たぶくらいのやわらかさになったら、ピンポン玉ほどの大きさに丸める。
3 手のひらで平らにして、表面を指3本で押して筋をつける。
4 フライパンに油を薄くひいて表裏をゆっくり焼く。中が透き通るまで焼けたらとり出して、仕上げに塩少々（分量外）をふる。

〈富山県〉
水だんご

上新粉とかたくり粉をこねただけのだんごですが、ツルンとした歯切れのよさと弾力がくせになる食感です。噛むうちに米そのものの甘味が広がり、湧水で洗った冷たさがさわやかです。黒部の水と自慢の米でつくった夏のおやつです。

名水百選の一つ、「黒部川扇状地湧水群」がある黒部市生地《いくじ》には約750カ所もの湧水があり、地元では「清水《しょうず》」と呼びます。立山連峰の水が何十年も地下を通り、山から遠い海べりでもおいしい清水が湧いています。地点ごとに味が違い、地元の人なら味わい分けることができるともいいます。

水だんごは涼味を求める6月から9月頃まで、よくつくられます。おやつの他には味噌汁やおかゆに入れたりします。戦前には、生地の町には2軒の有名な「水だご屋」があり、とてもにぎわいました。その店はもうありませんが、水だんごは今でも商店や道の駅などで買うことができます。

協力＝惣万洋子
著作委員＝守田律子、深井康子

＜材料＞ 10人分

上新粉…360g*
かたくり粉…40g*
熱湯…320mℓ
きな粉（うぐいす）…100g
砂糖…適量
塩…適量

*上新粉9：かたくり粉1の割合で混ぜる。余分につくっておき、つくり方4で打ち粉に使う。

＜つくり方＞

1 上新粉とかたくり粉を合わせ、熱湯を少しずつ加えながら、耳たぶくらいのかたさになるまで、よくこねる（写真①）。
2 蒸し器によくぬらした蒸し布を敷いて、1を適当な大きさにちぎって入れ（写真②）、20分ほど強火で蒸す。菜箸で刺してみて、何もつかなかったら蒸し上がり（写真③）。
3 2をもちつき機で3〜4分、まとまってツルンとするまでつく（写真④）。
4 つき上がったら、打ち粉（材料欄の*を参照）をつけ温かいうちに太さ2.5cmの棒状にのばし（写真⑤、⑥）、2cmの長さに包丁で切る（写真⑦）。
5 4を水でよく洗い（写真⑧）、氷水で冷たく冷やし（写真⑨）、水けをきる。
6 きな粉に砂糖、塩を混ぜる。
7 よく冷やしただんごに6をかけてでき上がり。

①

②

③

④

⑤

⑥

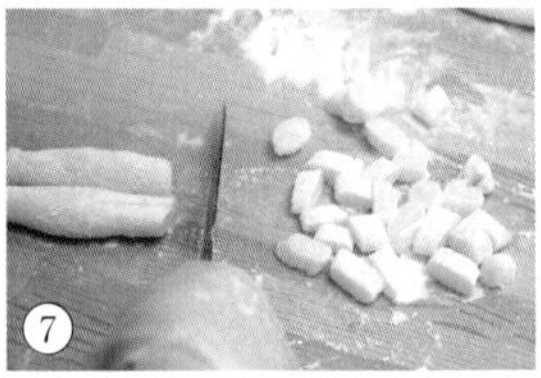
⑦

⑧

⑨

撮影／長野陽一

〈富山県〉

やきつけ

昔は家族が多かったので、たいていの家には大きな鉄鍋がありました。やきつけは、その鉄鍋いっぱいに丸く広げた生地を焼き、四角くもちのような形に切り分けてみんなで食べたものです。もちろん、丸くなった切れ端のところも一緒においしく食べました。農作業の合間のなか間（こぶれ、おやつ）として腹の足しにしたり、子どものおやつにもつくりました。生地は小麦粉ではなくもち米の粉で、食べごたえもしっかりとあります。食糧難の時代には、出荷できないもち米のくず米を粉にしてやきつけやだんごをつくって食べていました。

よもぎはもち米の粉と同量とたっぷり混ぜ、腹の虫をとるとか、腹に負担がかからないとかいって春にはよくつくられました。よもぎを入れると長い間かたくならないのも利点です。県北東部、黒部川の北岸に位置する入善町《にゅうぜん》では、川の上流の決まった場所で子どもたちが毎年よもぎ摘みをしていたということです。

協力＝小林明子
著作委員＝原田澄子、深井康子、守田律子

撮影／長野陽一

＜材料＞ 4人分

もち粉…200g
かたくり粉…大さじ2
よもぎ…200g
よもぎのゆで汁…150mℓ
味噌…50g
砂糖…大さじ1と2/3
しょうが汁…大さじ1
油…大さじ1
白ごま…大さじ2

＜つくり方＞

1. 味噌、砂糖、しょうが汁を混ぜ、火にかけて練り上げる。
2. よもぎは、重曹を入れてゆで、細かく刻むかフードプロセッサーにかける。ゆで汁はとっておく。
3. ザルに2のよもぎを入れ、湯（分量外）をかけて温め、水けをしぼる。
4. ボウルにもち粉とかたくり粉を入れ、よもぎを加え（写真①）、よもぎのゆで汁を少しずつ入れ、両手で耳たぶくらいのやわらかさになるまでよくこね上げる。0.5〜1cmに薄く平らに広げる。きれいな緑色になる（写真②）。
5. フライパン（ホットプレートでもよい）に油をひき、4をおいて蓋をし、両面をこんがり焼く。焼き上がった片面に1の味噌だれをつけ（写真③）、ごまをまぶす。
6. 切りもちくらいの適当な大きさに切って食べる。

やしょうま

〈長野県〉

米粉、砂糖、塩、熱湯でつくる、ほんのり甘くもちもちした食感の素朴な食べもので、県北を中心に親しまれている家庭の味です。また筑北村坂井地区では、金太郎あめのようにして花柄などの美しい模様の、目でも楽しむやしょうまがつくられています。お釈迦様が入滅された旧暦2月15日の涅槃会《ねはんえ》に供えるもので、名前の由来には、①お釈迦様が亡くなるときに食べて弟子のやしょに「やしょうまかった」といった ②だんごをにぎった形が「やせた馬の背」に似ていて「やせ馬」がやしょうまになった―など、諸説あります。

棒状のまま仏壇に供えた後、切り分けて隣近所や親戚へ配り合いました。女性たちは家に呼び合い、互いのやしょうまを比べたりお茶を飲んだりして楽しく過ごしました。地域によっては「やしょうまひき」があり、子どもは早起きし、または学校帰りにやしょうまをもらいに近所を回りました。知らない家や遠くまで行くので、ちょっとした冒険気分も味わえたそうです。

協力＝池田玲子、原楫
著作委員＝中澤弥子

撮影／高木あつ子

＜材料＞ 約25cmの棒状4本分

うるち米粉（上新粉）…500g
砂糖…55g
塩…小さじ1/2強（3.5g）
熱湯…1と3/4カップ
┌白玉粉…30g
└水…大さじ2
青のり…大さじ1（1g）
黒ごま…大さじ1と小さじ1/2（10g）
赤じそのふりかけ（ゆかりなど）
　…小さじ1（2g）

釣り糸

＜つくり方＞

1 大きなボウルに米粉、砂糖、塩をふるい入れる。
2 粉の中心に熱湯を少しずつ入れて菜箸で混ぜ、ある程度まとまったら手でこねる。熱いので手を水でぬらしながら、または軍手やゴム手袋をして火傷しないようにする。
3 こねる途中で、水でこねた白玉粉を、2の生地を広げた上にちぎって練りこむ。生地がボウルからきれいに離れ、耳たぶくらいのかたさになるまで、よくこねてひとかたまりにする。
4 3の生地を卵大にちぎり、厚さ1〜2cmの平たい丸形にする。蒸し器に蒸し布を敷き、外側から、中心をこぶし大ほど空けて立てて入れる。余った蒸し布は生地の上にかぶせ、生地が少し透明になるまで20分ほど強火で蒸す。
5 生地を布ごと冷水に浸し、生地をしめる。熱いうちにザルにあげ、水けをきって生地を再びボウルにあけ、手でしっかりこねる。
6 4等分して、1つは白生地のまま、残り3つには、青のり、黒ごま、赤じそのふりかけをそれぞれ入れてさらによくこねる。
7 4つの生地を同じサイズの棒状にのばし、それぞれぬらした箸や細い麺棒を2本平行に押し当て、そのままぬれ布巾かラップで巻く。
8 生地が冷めたら布巾や箸をはずし、好みの厚さに包丁、または釣り糸を巻いてしぼるようにして切る。そのままか焼いて食べる。好みで砂糖醤油をつける。

〈京都府〉
よもぎだんご

府南部の京田辺市あたりでつくられてきたものです。この地域ではあんを中に包むことはせず、間にはさんで「だんご」をつくります。また、生地を型押しして模様をつけるのも独特で美しく、桃の節句に花を添えるものになっています。型は以前は木型を使いましたが、生地が型に残って洗う手間もかかるので、カットガラスの皿を使うなど、家々で工夫されています。

よもぎは田んぼの畔や土手によく生えていました。刈っても刈っても生えてきますが、早春の頃に生えてくる若芽はことのほか香りが強く、葉もやわらかく口当たりもとてもよいものです。女の子の初節句には、よもぎの生命力にあやかって元気な強い子になるように、すくすく育つようにと、母親の里からもよもぎだんごが届けられました。また、昔は田植えがすむと体の疲れを癒すために、甘いあんの入ったよもぎだんごで一服しました。祭りにもたくさんつくり、来てもらった親類などと一緒に食べて楽しんだものです。

協力＝加藤雅美、綴喜地方生活研究グループ連絡協議会　著作委員＝坂本裕子、豊原容子

撮影／高木あつ子

＜材料＞ 12〜13個分

うるち米粉…180g
もち粉…60g
湯…200mℓ
よもぎ（湯がいてしぼったもの）*
…50〜60g
あん…400g

*よもぎは葉だけを摘みとり、きれいに洗う。重曹を少し加えたお湯（湯1ℓに小さじ1程度）でやわらかくゆで、水にさらしてしっかりしぼる。包丁かフードプロセッサーで細かく刻み、きつくしぼって水けをきる。冷凍で1年くらい使える。

ガラス皿を型に使うと便利。模様は好みで

＜つくり方＞

1 ボウルにうるち米粉ともち粉を入れて混ぜ、湯を少しずつ入れよく混ぜる。
2 ひとかたまりになったものを十分に力を入れてこね、耳たぶ程度のかたさにまとめる。
3 蒸気の上がった蒸し器を用意し、ぬらした蒸し布を敷く。**2**を3〜4つに分けておき、約30分蒸す。
4 透き通るくらいに蒸せたらボウルにとり、よもぎをほぐしながらまんべんなく混ぜ、全体が美しい緑色になるまでよくこねる。ここでしっかり混ぜておくと、なめらかでおいしいだんごになる。
5 **4**を12〜13個に分けて丸め、湿らせたまな板の上でガラス皿や木型で押して薄くのばし、模様をつける（写真①）。
6 あんを12〜13個に丸め、**5**の真ん中にあんをおき2つに折り（写真②）、軽くとじる。

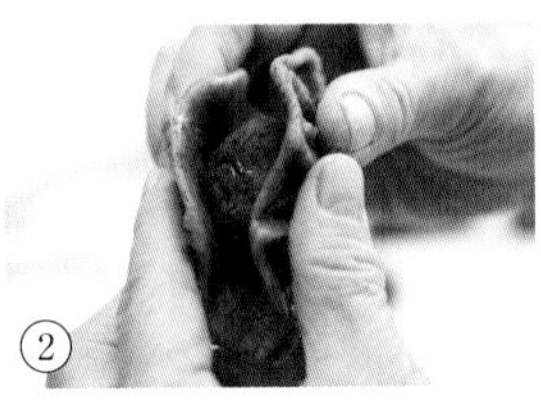

もちに混ぜる草

野山で摘んだ草を使ったもちやだんごは
つくって食べることで季節を感じられます。
草を混ぜると風味も食感も違ってきます。

撮影／武藤奈緒美（オヤマボクチ）、高木あつ子（ヨモギ、群馬県）、長野陽一（埼玉県、岐阜県）、五十嵐公（神奈川県、奈良県）
協力／星野秀子（群馬県）、日高市食生活改善推進員協議会（埼玉県）、大神田貞子、大神田澄子（神奈川県）、髙橋恵子（岐阜県）、井野谷節子（奈良県）

本誌で登場するヨモギやオヤマボクチは、ともに春の草もちだけでなく、初夏の笹だんご、冬の凍みもちづくりにも使われてきました。米の粉でつくるもちの場合はのびや粘りが足りないので草の繊維でつなぎにしたり、米を節約するための増量材としたのです。また、ミネラルの補給にもなり、草はもちをおいしくする以外にも役割があります。

オヤマボクチ

別名：やまごぼう、うらじろ、ごんぼっぱ
キク科の多年草。

原野や林縁などに自生する。草丈は60～120㎝、葉は楕円形で長さ15～35㎝。葉裏には毛が生え、白く見える。繊維が多いので、もちやそばのつなぎとして使われる。「雄山火口」と書き、葉の繊維を火おこしの際の火口（燃料）に使われたのが名前の由来。

もちに使う場合は春にとることが多いが、夏、秋も収穫する。重曹などを入れた湯でゆがいて使う。冬の凍みもちには、乾燥させて保存したものを使う。

↓p12凍みもちのえごま和え

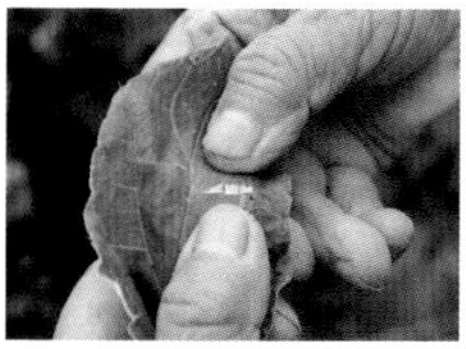

摘んだ葉をちぎると白い繊維が見える

ヨモギ

別名：もちぐさ、よごみ、ふつ、ふーちばー
キク科の多年草

田畑のあぜ道や空き地、土手などで見られる。草丈は60～100㎝。葉は長さ6～12㎝、羽状に深く裂けている。葉裏の白い毛はお灸のもぐさとして利用されている。シネオールなどの精油成分が含まれており、独特の香りがある。

もちには春のやわらかい新芽を使う。重曹などを入れた湯でゆでる。ゆでた状態で冷凍すれば、年中使える。ゆでてから乾燥させても保存できる。

↓p23いももち、25ぼんしもち、46なべもち、51はんごろし、75あんぼ、80やきつけ、82よもぎだんご、94笹だんご

春先の新芽がやわらかくてアクが少ない

各地のヨモギを使ったもちやだんご

奈良県のよもぎだんご

岐阜県のぶんたこもち

神奈川県の草の花だんご

埼玉県の草もち

群馬県の草だんご

〈滋賀県〉

おあえだんご

縄文時代の集落とされる赤野井湾遺跡などが見つかり、数千年前から米がつくられていた県南西の野洲《やす》・守山に伝わるだんごの料理です。だんごが白和えなどの衣にくるまれて、おやつや法事のときの小昼、おかずにもされます。

だんごには米粉（うるち米粉）だけのもの、米粉ともち粉を半々混ぜたもの、もちやいももちなど、さまざまなバリエーションがあり、つぶしたご飯でつくることもあります。ここで紹介したのは、守山市森川原町のもので法事でもよく出しますが、おやつやおかずにもしました。いっぽう、野洲市三上では甘味噌に青菜を入れた衣でだんごを和えており、これを「くき団子」とも呼んで小昼やおかずにしました。「くき」とは青菜のことで昔は水菜をよく使ったそうですが、小松菜、ほうれん草、大根の葉、かぶの葉なども使います。季節の野菜を具としました。

豆腐、野菜、米粉を使うので栄養価は高く、出荷できないくず米を粉にし、だんごにして食べる工夫が表れています。

協力＝小島朝子　著作委員＝久保加織

撮影／長野陽一

＜材料＞4人分

【だんご】

上新粉、もち粉…各100g

水…1/2カップ+1/4カップ

【和え衣】

豆腐…1丁（300g）

こんにゃく…1/3〜1/2枚（100g）

椎茸…2個（30g）

にんじん…1/3本（50g）

水菜（青菜）…1束

白ごま…30g

味噌、砂糖…各60g

みりん…大さじ1（18g）

＜つくり方＞

1. だんごをつくる。粉を混ぜ、水1/2カップを加えて手で混ぜる。水1/4カップを少しずつ加えながら耳たぶくらいのかたさにする。
2. 直径2cmの平たいだんごにする。
3. 鍋に熱湯を沸かして2を入れ、だんごが浮き上がるまで5分ほどゆでる。
4. 冷水にだんごをとって冷まし、ザルにあげて水をきる。
5. 和え衣をつくる。豆腐を水きりし、ペーパータオルに包み水けを抜く。
6. こんにゃく、椎茸、にんじんを短冊切りにし、塩ゆでして水をきる。
7. 水菜をゆがいて1cmほどの長さに切ってよくしぼる。
8. すり鉢にごま、味噌、砂糖、みりんを入れて練る。砂糖の量は好みで調節する。
9. 8に5の豆腐を加えてさらによくする。
10. 9に6の具、7の青菜を入れて和えて混ぜ、そこにだんごを入れて手で衣をつけて丸める（写真①）。

◎上新粉のようなうるち米の粉だけでなく、もち粉を混ぜると冷えてもかたくなりにくく食べやすい。

〈徳島県〉

阿波ういろう

小豆あんと上新粉を水で練って蒸した、徳島県の代表的なお菓子です。シンプルですが、適度な甘味ともっちりした食感で、誰もが好きな味です。以前はひなの節句になると菱もちと一緒にひな壇に並べたり、「遊山箱《ゆさんばこ》」という三段の引き出しのついた弁当箱に詰めて、子どもに持たせたりしました。遊山箱には、ういろう以外にも巻きずしやようかん、ゆで卵などが入っており、おひな様の前や桜の木の下で広げて食べるのがなんとも楽しかったといいます。

県内一の温州みかんの産地、勝浦町では、みかんの収穫の終わる頃になると、労をねぎらいごちそうをふるまう「みかんのとりあげ」が行なわれました。このときにも、ういろうは欠かせないもので、お母さんたちは家でとれた小豆であんこを炊き、練ったものをせいろに広げ、一度に1升ものういろうを蒸かしました。

つくってから日がたったういろうは少し焼くとこんがりと香ばしく、違った味を楽しめます。

協力＝新居和、北山明子、加々美清美
著作委員＝近藤美樹、長尾久美子

撮影　長野陽一

＜材料＞ 流し箱（14×11cm）1個分

あん…300g
上新粉…3/4カップ(100g)
もち粉…大さじ1強(10g)
塩…1つまみ(1g)
水…1/2カップ弱(90mℓ)

＜つくり方＞

1 ボウルにすべての材料を入れて混ぜ、よくこねる。手でまとめられるくらいのかたさになるよう水の量は調節する。
2 流し箱に移し、すき間なくしっかり詰める。容器がない場合は、高さ1.5〜2.0cm程度の直方体に形を整える。
3 蒸気の上がった蒸し器で30〜40分蒸す。流し箱に水滴が落ちないように、蒸し器の蓋に布巾をかける。
4 水でぬらした竹串を刺し、竹串に生の粉がつかなかったら火を止める。蒸し器から流し箱を出し、粗熱がとれたら箱からういろうをとり出し、適当な大きさに切る。

遊山箱。三段重ねの一番上にういろうやようかん、寒天などの甘いものを入れた

〈愛媛県〉

醤油もち

江戸時代より伝わる伊予松山藩の郷土菓子です。松山城城主の松平定行の父親である定勝が、ひな祭りにつくって家来たちに配り、さらに国が豊かに栄えるよう祝ったのが始まりといわれています。

しょうがと醤油の風味がきいているものの、ほんのり甘く、噛むともっちりした素朴な味わいのもちです。形も味も家ごとに工夫するので、昔はひな祭りのあとに食べ比べて楽しんだそうです。小判のような形や細くねじった形、醤油の代わりに塩を入れ、色粉でピンクや黄、緑にしたり、子どもがいれば、桃の形に赤い色をつけたりすることもあります。かたくなったら網の上で焼いて食べました。

東温《とうおん》市では、節句のときには醤油もちは欠かせないものだったそうです。花見にもつくり、ほかにりんまん(米粉の生地であんを包み、着色した米を飾ったもち菓子)、寒天ようかん、巻きずしをつくって出かけました。今は店で買うことが多いですが、特別な材料は使わないので家庭でもつくれます。

協力＝川端ヒロ子、森咲子
著作委員＝香川実恵子

＜材料＞ 8個分

上新粉…150g
砂糖…90g
塩…小さじ1/2(3g)
醤油…大さじ1
ぬるま湯…85mℓ＋5〜10mℓ(かたさをみて調整)
しょうが汁…小さじ2
手水
- かたくり粉…大さじ1
- 水…1/2カップ

＜つくり方＞

1 上新粉に砂糖、塩を加えて、ぬるま湯85mℓを加えながら混ぜる。まとまったら醤油を加え、耳たぶくらいのかたさになるまでぬるま湯を足してよくこねる。

2 薄くのばして、蒸し布を敷いた蒸し器に入れて(写真①)強火で15分蒸す。

3 蒸し上がったらとり出し、しょうが汁を混ぜてよくこねる(写真②)。かたくり粉と水を合わせた手水をつけながらこねる。

4 8等分して丸め、丸もちのような形に整える(写真③)。表面を箸で押しつけ、縦横にくぼみを入れる(写真④)。表面に手水をぬってつや出しにする。

5 再び強火で5分蒸す(写真⑤)。とり出したらうちわであおいで手早く熱をとると、表面がつややかになる。

◎手水は水だけより、かたくり粉入りの方が手につきにくく、べちゃべちゃせずにつやよく仕上がる。

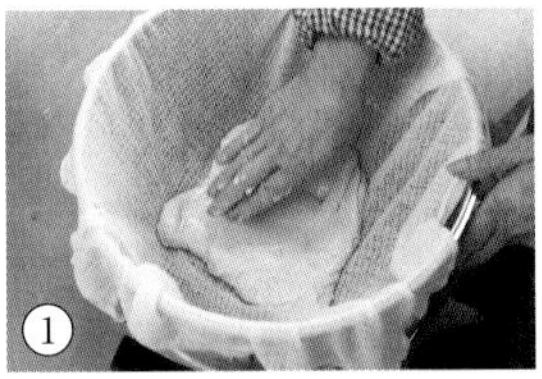

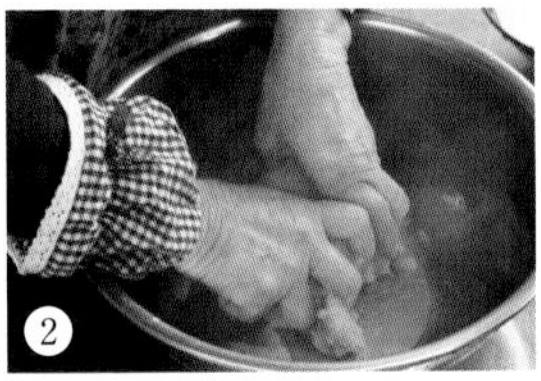

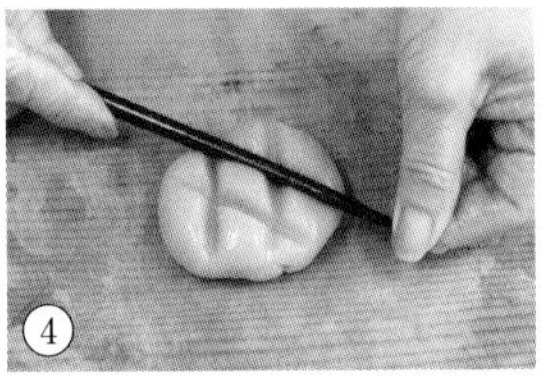

撮影／五十嵐公

〈佐賀県〉

盃《さかずき》まんじゅう

県西部の山内町(現武雄《たけお》市)でつくられてきたものです。田植えどきや祇園祭りに、また子どものおやつにもつくられました。

うるち米ともち米の粉を混ぜた生地であんを包みますが、生地はあまりこねません。ポロポロとした状態で、にぎるとまとまりますが、また崩れてしまう程度にします。この生地を蒸すと、食感はやや粗めのかるかんのような、もちもち感もありながら、ほろほろとする皮になります。地元の人は「噛めば噛むほど味が出る」といいます。こうした生地のため、盃と蒸し布と手を上手に使ってつくります。

日常のおやつでは、甘さをさつまいもから得ることがよくありました。蒸かしいもはもちろん、ゆでうどんをつぶして広げ、ふかしたさつまいもをつぶしたものを渦巻き状に巻いた「寒巻《かんま》き」や、さつまいもの粉と米粉を混ぜてゆでた「干《かん》だんご」などです。そんな中で、砂糖で甘くしたあんが入った盃まんじゅうは、他にない食感もおしゃれで珍しく、特別なものでした。

協力＝稲田則子、松尾宣子、杉原美津江、永田ムツ子　著作委員＝副島順子、橋本由美子

<材料> 7個分

上新粉…140g
もち粉…130g
塩…小さじ1/3
水…130mℓ
あん…140g(20g×7個)

サンキライ(サルトリイバラ)の葉(敷き紙として使用)7枚

<つくり方>

1 米粉ともち粉、塩をボウルに入れて混ぜる。
2 1に水を少しずつ加えながらこねる。生地がボウルの底につかない状態でまとまる程度のかたさにする。ポロポロとした状態でよい。粉の状態で加える水の量は調整する。
3 浅くて口の広い盃に蒸し布を敷く。生地を約40gおいて広げ、あん1個をおく(写真①)。生地約20gをかぶせ、盃をまわしながら親指の腹と手のひらの土手で押さえ生地をまとめる(写真②、③)。
4 盃を伏せるようにしてまんじゅうをとり出し(写真④)、蒸気の上がった蒸し器で約20分蒸す。
5 サンキライの葉にのせて供する。

◎盃に敷く蒸し布はラップで代用可能だが、布目がついたほうが見た目がよい。

撮影／戸倉江里

〈鹿児島県〉
かるかん

　米の粉と山芋を使った蒸し菓子で、県内では来客時や冠婚葬祭、桃の節句で使われました。粒子の粗いかるかん粉（並新粉《なみしんこ》）を使うため、生地のきめは粗いのですが、山芋の効果でしっとりもちもちで独特の風味があります。昔は山芋とかるかん粉、砂糖だけでつくりましたが、このレシピでは長芋と卵白を使って手軽にふっくらさせました。

　もともとは薩摩藩・島津《しまづ》家由来のお菓子で、20代当主の綱貴《つなたか》の50歳のお祝いにかるかん15棹《さお》を、28代斉彬《なりあきら》が少将のときにはかるかんまんじゅうが献上された記録などがあります。薩摩藩の来客へのもてなしにも用いられ、江戸時代後期になると当時の料理書にもつくり方が掲載されるようになりました。明治以降、しだいに家庭にも広がったようです。

　昭和30年代は、自家用よりも贈答品などにすることが多かったようです。ただし、つくれるのは山芋のとれる10月から3月だけで、山芋掘りは力がいるので男性の仕事で、来客などの特別なときにつくられるものでした。

協力＝外城裕美　著作委員＝木下朋美

撮影／長野陽一

＜材料＞ 15×15×7.5cmの木枠1個分

長芋…正味250g
卵白…1個分
水…250mℓ
砂糖…250g
かるかん粉*…250g

*うるち米の粉で、目が粗く並新粉とも呼ばれる。上新粉で代用できる。

＜つくり方＞

1. 長芋は黒い部分が残らないよう皮をむき、酢水（分量外）に15分ほどつけてアクを抜く。
2. 1をミキサーにかけ、ボウルに移す。卵白を加えて泡立て器でよく混ぜ、分量の半分の水を入れ、さらに混ぜる。
3. 砂糖を3回に分けて加えてその都度よくすり混ぜる。泡立って量がだんだん増えてくる。
4. かるかん粉も3回に分けて加える。粘って重くなるが、下に沈んだ粉がダマにならないよう、よくすり混ぜる。
5. 持ち上げたときにゆっくり流れ落ちるよう、生地のかたさをみながら残りの水を加える（写真①）。
6. 木枠にぬらしたさらしを敷き、七〜八分目まで入れて強火で30分ほど蒸す。
7. 竹串を刺して生地がつかなければ、とり出して冷ます。

①

〈沖縄県〉

フチャギ

フチャギは、楕円形や俵形に形成されたもちにゆでた小豆をまぶしたものです。もちといってもついたもちではなく、もち粉に水を加えてつくる、だんごのようなもちです。十五夜（旧暦の8月15日）の供物として仏壇や火の神（火をつかさどる神）に供えます。また、沖縄本島の南西約300㎞に位置する宮古島地方では入学祝い、成人祝い、落成祝いなどの祝いごとでもふるまいます。

宮古島地方では主に宮古島産の黒小豆（ささげやいんげんの一種）を使うのが特徴です。黒小豆と呼ばれる豆にはいくつかの品種があるようですが、いずれも生産量は多くないので、市販の小豆と比べても高値で販売されています。

フチャギの味はとてもシンプルで、小豆ご飯のように主食として食べたりもします。家庭によっては小豆やもち粉に少量の塩を入れてつくります。また、十五夜の時期になると、もちや小豆に砂糖を加えて甘くしたフチャギもスーパーで売られています。

協力＝川満仁美、仲間克枝　著作委員＝田原美和、我那覇ゆりか、大城まみ

撮影／長野陽一

＜材料＞ 15個分

もち粉…300g
水…200〜250㎖
宮古島産黒小豆（ささげ、いんげん）
または小豆　…1カップ（約160g）

＜つくり方＞

1 小豆は洗って、たっぷりの水に一晩つける。
2 つけ汁ごと火にかけ、沸騰したらゆでこぼす。
3 小豆がひたる程度に水を加え、ときどきかたさを確認しながら弱火で40〜50分ほどやわらかくなるまで煮て、水けをきる。
4 ボウルにもち粉を入れ、水を少しずつ加えながらこね、耳たぶくらいのかたさにする。
5 **4**を15等分し、細長い楕円形に整える。
6 蒸し器に蒸し布を敷き、その上に**5**を並べて強火で約15分蒸す。
7 熱いうちに**3**の小豆をまぶしてできあがり。

◎蒸し器を使わずに、沸騰したお湯に入れてゆでてもよい。その場合は浮き上がってきたらゆであがり。

◎もちが冷めると小豆がつかないので、熱いうちにまぶす。

葉で包む

葉ではさんだり包んだりした柏もちやちまきなどは、節句や田植え、祭りの際につくられ、手土産にも重宝されました。香りがよく、抗菌作用で保存性も高まります。枝ごと包んだり葉をうまく重ねて編んだり、自然の造形を巧みに生かす知恵や季節感が表れています。

〈山形県〉

笹巻き

もち米を笹の葉に包んでゆでた笹巻きは、端午の節句になると県内各地でつくられます。多くの地域では中のもち米は白色ですが、庄内の鶴岡田川地区の笹巻きは黄色いあめ色です。黄色いのは木灰の上澄み液（灰汁《あく》）にもち米を浸すからで、この地域だけに見られるものです。米粒は溶けて透明感があり、もっちりとやわらかな食感と独特の風味があります。黒蜜ときな粉をかけるとなんともいえないおいしさです。その由来には諸説ありますが、北前船の航路によって九州地方の「あくまき」（p112）が伝えられたとする説が有力とされています。笹の抗菌作用に灰汁の殺菌作用が加わり、保存性のよい食品になっています。

笹の巻き方は地域や行事によって違いがあります。庄内は今回紹介した三角巻きが多く、新潟県境にある温海《あつみ》ではこぶし巻き、秋田県境にある飽海《あくみ》地区遊佐《ゆざ》町では子どもの七つのお祝いに、笹の葉を40枚使う大きなたけのこ巻きがつくられています。

協力＝菅原英子、佐藤綾音、志田あゆみ
著作委員＝佐藤恵美子

撮影／長野陽一

<材料> 15個分

もち米…3カップ(480g)
灰汁*…3.6カップ(720mℓ)

- きな粉…1カップ(160g)
- 砂糖…大さじ4(40g)
- 塩…小さじ1/2(2.5g)

- 黒砂糖…1カップ(150g)
- 水…1カップ(200mℓ)

笹の葉30枚(笹巻き1個に2枚)
いぐさひも、またはスゲ15本

*木灰(ナラやブナ、桜など)100gを水4.5カップに入れ、火にかけて煮立たせて冷まし、上澄み液(灰汁)720mℓをとる。

<つくり方>

1 もち米を洗い、灰汁に一晩浸して吸水させる。いぐさひもを熱湯で軽くゆで、そのまま一晩つける。
2 笹の葉は水洗い後、水から煮て、沸騰したら火を止めて10分ほどおき、ザルにあげる。
3 米をザルにあげ、水けをきる。
4 笹の葉の裏(ザラザラしている面)を上に向けて持つ(写真①)。両端を折りラッパ状に円すい形をつくり、**3**の米を八分目くらい詰める(写真②)。先端から米がこぼれないように注意する。
5 葉の余った部分で蓋をするように上からかぶせて手前に折り(写真③)、正三角形になるように形を整える。この上を笹の葉もう1枚でぐるっと巻く(写真④)。
6 巻き終わりを裏側にして持ち、下からひもをかける(写真⑤)。上に10cmほど余裕をもたせて裏側に回し、左手の親指と中指で笹巻きとひもを押さえ、右手でひもを持つ(写真⑥)。ひもを右にねじり、できた輪をぐるっと三角の右の角から左の角にかける(写真⑦、⑧)。
7 ひもが左側にたるんでいるので、上側(写真⑨)、裏側の長いひもの順に引いて(写真⑩)、ゆるみを整える。短いひもを反対側に回し、長いひもと結んでとめ(写真⑪)、長い部分を切る(写真⑫)。長いひもを切らずに5個ずつ束ねてもよい。
8 たっぷりの水の中に**7**の笹巻きを入れ、落とし蓋をして中火にかける。沸騰したら弱火で1時間煮て、火を止めてそのまま20分蒸らす。
9 笹の葉をむいて、黒砂糖を水で煮溶かした黒蜜をかけ、砂糖と塩で味つけしたきな粉をまぶして食べる。

◎笹の葉はゆでてから使うとしなやかで、きれいな緑色になる。葉がかたいときは重曹1%を入れたお湯でゆでる。ゆでた葉は冷凍して、使うときは熱湯に浸して戻す。

◎乾燥した笹の葉を使うときは、熱湯に入れて軽くゆで、そのまま一晩つけておく。

三角すいに包んだこぶし巻き(別名げんこつ巻き)は山形県と新潟県の県境付近でつくられ、新潟県側の府屋(ふや)にもみられる

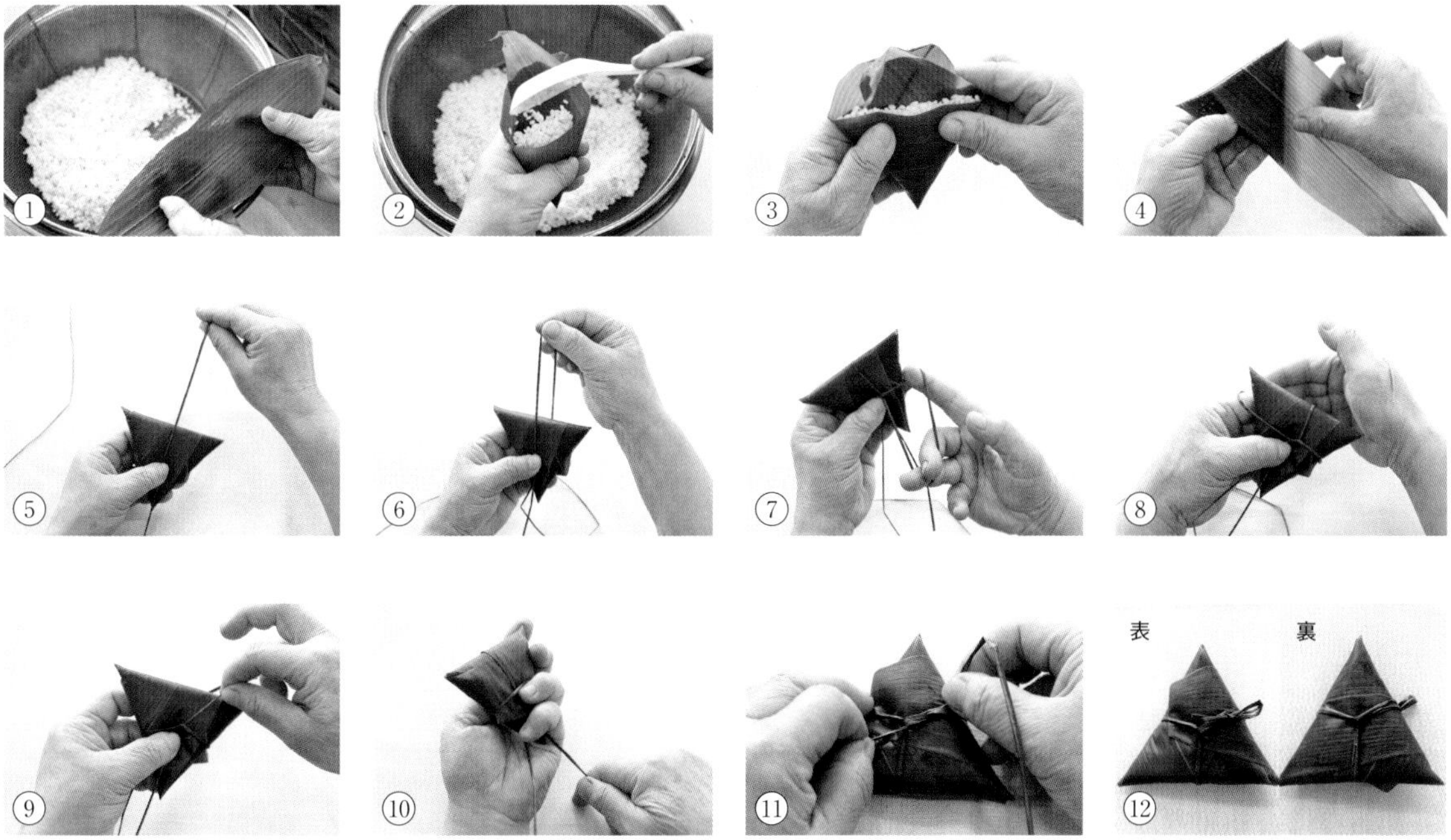

〈新潟県〉

笹だんご

笹とよもぎのあふれるような芳香を楽しみながら食べる新潟名物です。古くから1カ月遅れの6月5日の端午の節句を「だんご節句」と呼び、遅い春の訪れを喜びました。主に県内下越、中越地域で田植え後のさなぶりの祝いや、柏崎のえんま市など夏の祭りでもよくつくられました。上杉謙信公の時代の兵糧食が始まりともいわれますが、明治初期には小豆の塩あん入りで、それ以前には「和え物だんご」と呼び野菜の煮物や和え味噌を入れていたといわれます。

だんごに包むあんは粒あんでもいいのですが、こしあんのほうが長く味が変わらずおいしいので、手間をかけてこしあんでつくるという人もいます。笹の葉やスゲ、よもぎには抗菌作用があり保存性が高いので、冷蔵庫がない時代は5個単位でひもでつるしておき、10日間くらいはおいしく食べられたそうです。もち米の粉とうるち米の粉を混ぜただんごはやわらかいのですが、よもぎを入れることで弾力のある笹だんごになります。

協力＝小山ユキエ、村田正子
著作委員＝佐藤恵美子

撮影／高木あつ子

＜材料＞ 10個分

もち粉…100g（米粉全体量の5割）
上新粉…100g（米粉全体量の5割）
砂糖…大さじ1
水またはぬるま湯（約40℃）
　…200〜220mℓ
よもぎ…50g（凍結乾燥した市販よもぎは約12g）
こしあん…200g（粒あんなら約250g）

笹の葉30枚、スゲ10本

＜つくり方＞

1 笹の葉とスゲは熱湯に浸しておくか、軽くゆでるとしなやかになり、切れにくい。
2 ボウルに粉を入れて混ぜる。
3 よもぎは2日間天日干しにする。沸騰した湯で1分〜2分ゆでて、黒ずんだゆで汁を捨てて、よもぎを水で洗い、再度1分間ゆでる。水洗いした後に十分にしぼる。水またはぬるま湯100mℓとともに1分間ほどミキサーにかけて粘りのあるよもぎ液にする。
4 **3**のよもぎ液と残った水（湯）100mℓを**2**に加えてよくこねる。砂糖を加えて耳たぶくらいのやわらかさになるように力強く数回こねる。熱湯を加える場合は、米粉の一部が糊化され粉をまとめやすくなるので、水よりもやや多い約220mℓが必要となる。布巾をかけて1時間ねかせると笹離れがよくなり、粘弾性のあるだんご生地ができる。
5 だんご生地を10等分（1個35〜40g）にする。
6 **5**を手の上で丸めて約7cmの円形にのばす。あんをのせて包み丸形から俵形にする（写真①）。
7 水で濡らした笹の葉3枚を重ねて並べ、**6**を包む（写真②）。まず上部の笹の葉をひねり、スゲで2回ほど巻く（写真③）。上下を持ちかえてスゲを上へ向けて交差させる（写真④）。持ちかえて上にきた笹の葉もひねってスゲで巻く（写真⑤）。まな板において、だんごの中央で右と左端にあったスゲを交差させる（写真⑥）。交差させたスゲをだんごの中央で一回りして横に少し強く引いて巻いたら、スゲを両側から結ぶ。（写真⑦、⑧、⑨、⑩）。中央に少しくぼみができるとだんごの形がよくできる。
8 **7**を5個ずつ束ねてたっぷりの湯で15〜20分ゆでる（写真⑪）か、または蒸す。笹の葉をむきながら食べる（写真⑫）。

◎もち粉、上新粉は7：3でもよい。もち粉が多いと、粘りは強いがかたくなりやすい。上新粉が多いと、粘りや弾力が少し減るが、かたくなるのはゆっくりになる。早いうち(2〜3日以内）に食べる場合は、もち粉が多いほうがおいしい。かたくなっても再加熱するとおいしく食べられる。もち粉と上新粉の混合してある市販の「だんご粉」を用いてもよい。

◎生地に砂糖を入れると、でんぷんの老化を防ぎ、かたくなるのを防ぐ。

【こしあんのつくり方】

1 小豆（約200g）を一晩水につけ、10分ほど煮たら水を捨てて新しい水に取り換え、渋切りをする。さし水をしながら、指でつぶせるくらいのやわらかさになるまで、胴割れをしないように1時間ほど煮る。
2 ボウルにザルを入れ、**1**の小豆をゴムベラでつぶして水をかけながら皮を除く。裏ごし器も使い、さらにこして細かくする。
3 ボウルをしばらくおき、透明な上澄み液を捨てて、さらし布を裏ごし器の上にのせて、沈殿したあんをさらし布でこしてしぼる（さらしあん）。
4 水約50mℓと砂糖約120gを加えて、**3**を弱火で加熱しながら、よく練り上げる。

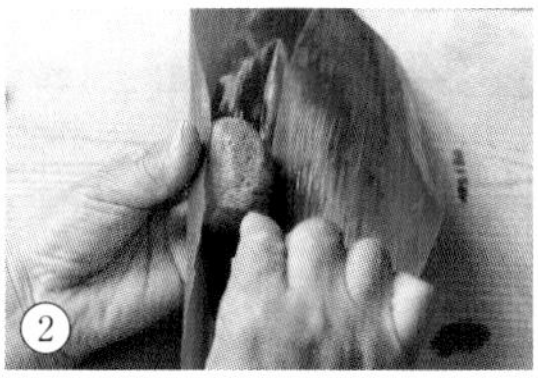

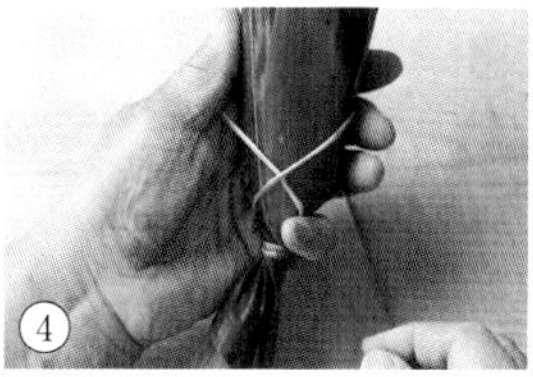

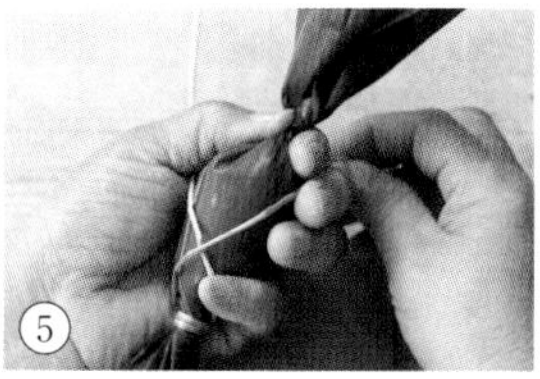

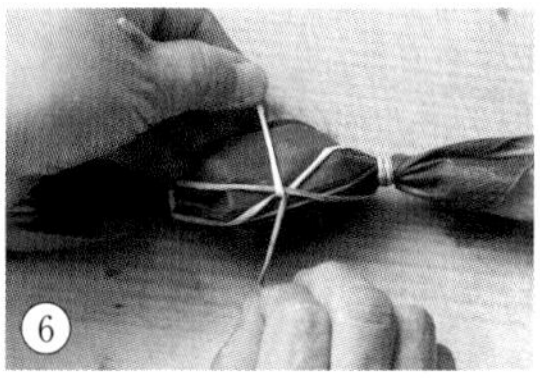

〈長野県〉

朴葉《ほおば》巻き

木曽地方では、月遅れの6月5日の端午の節句にちまきや柏もちの代わりに朴葉巻きをつくり、神仏にお供えして子どもの成長を祈ってお祝いしました。米の粉をこねた皮に小豆あんを包み、朴葉でくるんだ蒸し菓子で、朴葉の独特な香りがし、葉の殺菌作用で日持ちがするため、昔は保存食としても食べていたそうです。

葉は滅菌しないで洗うだけ。早い時期のものを使います。遅くなるとアクが出て布巾でふくと黒くなるほどです。朴葉は真ん中の葉柄のところでくっついているので、一つ巻いたら次というように、枝を中心にくるくる回しながら一つずつ巻いていきます。用意する枝によって葉の数が違うので、一房でできるだんごの数も違います。蒸し器に入れてしばらくすると、蒸気からは朴葉の香りが漂いました。

近世に木曽谷を中山道が通ったこともあり、中山道の先の岐阜県東濃地方とのつながりが強く、朴葉巻きは東濃地方などでも食べられています。

協力＝野口廣子、林ちかゑ
著作委員＝小木曽加奈

＜材料＞ 5個分

うるち米粉…100g
小麦粉…10g
塩…ひとつまみ
熱湯…85〜100mℓ
あん…100〜125g

朴葉が5枚程度ついた枝、いぐさや稲わら*など、加熱してもよいひも5本（葉の数に合わせる）

*稲わらは洗って水に20分つけてやわらかくしておく。

＜つくり方＞

1 あんは5等分して俵形に丸める。
2 米粉に小麦粉、塩を混ぜ合わせる。
3 2に熱湯を少しずつ加え、熱いうちに木べらで混ぜ（写真①）、冷めてきたら手でよくこねる（写真②）。耳たぶくらいのやわらかさになるよう、熱湯の量を加減する。
4 こね上がった生地を5等分にする。
5 4を丸めてから丸くのばして、親指の腹を水でぬらし、楕円形のお椀のように広げる（写真③）。
6 5に1のあんをのせて包む（写真④）。
7 朴葉は表を上にして、付け根から1個半分あけたところに6のだんごをおく（写真⑤）。
8 両側の葉をたたみ（写真⑥）、付け根に向けてたたんで巻く（写真⑦、⑧）。
9 いぐさで結ぶ（写真⑨）。他の葉も同様に、葉柄を中心にくるくる回しながら1つずつ巻く（写真⑩）。
10 9を、房のまま、蒸気の上がった蒸し器に入れて10〜20分蒸す。
11 ザルなどに広げて冷ます。

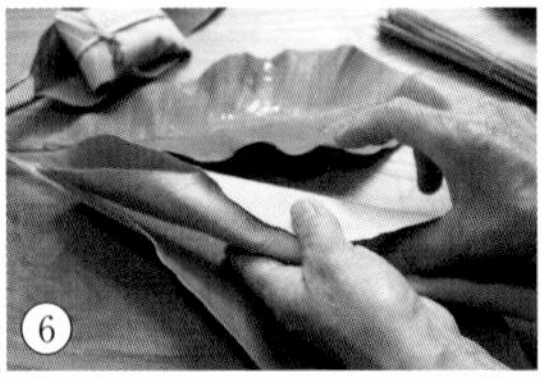

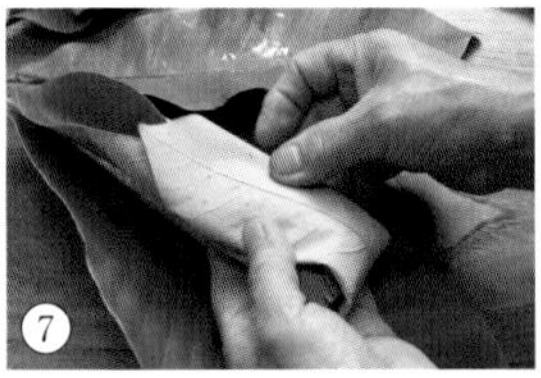

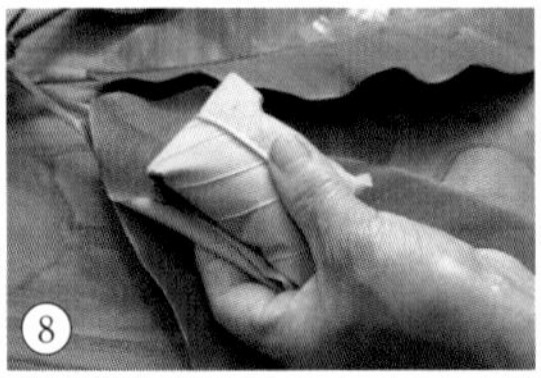

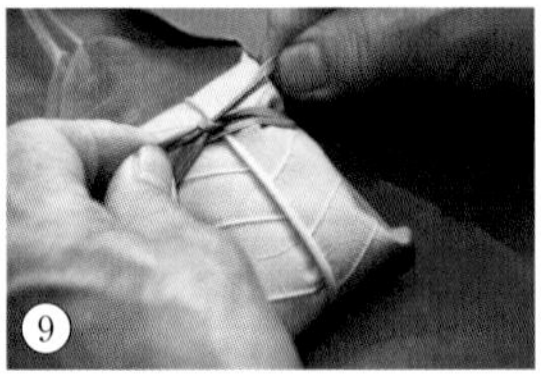

朴葉巻きの切り口

撮影／高木あつ子

〈青森県〉

笹もち

津軽地方の北西部・西北五地域で春から夏にかけて食べられています。小豆のあんに米粉を混ぜて蒸し、笹の葉で包んだもちです。つくるのは新しい笹の葉が出る6～7月。6月末の田植え後のお祝いのさなぶりや、祭りの前夜に行なう宵宮《よいみや》につくられました。宵宮ではお寺に持っていったりしておやつ感覚で食べました。お土産品や贈答用にも重宝されたそうです。

笹は青々とした幅広の笹を選んでとります。初夏の出初めの笹でないとサイズがそろわず、色も悪くなります。とれる時期が限られるため、今は冷凍保存しておきます。さっとゆでることで緑の色がよくなり、香りも立ってきます。

最近はもちに混ぜるあんはこしあんが多くなっており、粒あんの笹もちは貴重です。笹の殺菌効果もあり常温で3日ほど日持ちしますが、かたくなった場合は、笹のまま火であぶったり、蒸かし直して食べます。その時期になるとたくさんつくり、遠方の家族に送ったりしています。

協力＝工藤朝子、乳井栄子
著作委員＝下山春香

撮影／五十嵐公

＜材料＞ 30個分

小豆…250g
水…750mℓ（豆の3倍重量）
ザラメ…300g、塩…小さじ1
だんご粉*…500g
水…170mℓ

笹の葉30枚

*もち粉とうるち米粉を混ぜたもの。ここではもち米6：うるち米4を使用。

＜つくり方＞

1 小豆に水を加え火にかけ、煮立ったら蓋をして弱火で約1時間煮る。
2 小豆が煮えたら、ザラメと塩を加え、さらに約1時間煮る。焦げやすいので火加減に注意。お汁粉くらいのゆるさで、煮汁が少し残る程度に仕上げて冷ます（できあがり1kgぐらいが目安）。前日の夜につくり一晩おくとちょうどよい。
3 2にだんご粉を入れへらで混ぜる。小豆と粉が混ざりきらないうちに、水を少しずつ加える（写真①）。ある程度混ざったら、白い粉がなくなるまで手でこね、耳たぶより少しやわらかいくらいにしとねる（よくこねる）。かたさは水で調整。かたいと笹にくっつきにくい。
4 笹は塩（分量外）を入れた熱湯でさっとゆで（写真②）、すぐ冷水にとる。これで殺菌され、色が鮮やかになり、香りも立つ。両面の水けを丁寧にふき、ぬれ布巾に包む。
5 ぬらした蒸し布をせいろに敷く。3の生地を1個52～53gずつ丸め、やや楕円形にして並べる。20分ほど蒸し、色が濃くなり、つやが出たら蒸し上がり。
6 もちが冷めて手につかなくなったら、笹の表にのせてくるむ（写真③）。

①

②

③

〈滋賀県〉

でっちようかん

県内各地で食べられているおやつで、近江商人発祥の地、近江八幡から広まったといわれています。名前の由来は、近江から奉公に出ていた丁稚《でっち》が、帰省から戻るときに奉公先へのお土産に家でつくったようかんを持って行ったことから、また、菓子屋の言葉でこね合わせることを「でっちる」ということからなど諸説あります。

昔から練りようかんは買って食べるものでしたが、でっちようかんは家庭でつくります。以前は6、7月頃になると竹林でようかんを包むのにちょうどいい真竹の皮を拾いに行きました。小豆も畑や田の畔で育てており、材料はどれも身近なものでしたが、砂糖は貴重だったため、いつでも食べられるものではなく、上等なおやつでした。もともとはあんと小麦粉を一緒に練っていましたが、最近では上新粉を使うのでもっちりとした食感になります。日野町では山芋を一緒に練りこんだり、甲賀市信楽《しがらき》町では水と寒天を加えて水ようかん風にしたりと、地域ごとにアレンジされています。

著作委員＝小西春江、堀越昌子

撮影／長野陽一

＜材料＞6本分

こしあん…500g
上新粉…100g
水…1/2カップほど

真竹の皮小さめのもの6枚

＜つくり方＞

1 竹の皮は洗い、水につけて一晩おく。
2 ボウルにこしあんを入れ、上新粉を少しずつ加えながらゴムべらでよく混ぜる。生地のかたさは竹の皮にのばし入れられるくらいがちょうどいい。かたい場合は水を加えて調節する。
3 竹の皮の両側から細いひもができるよう2本裂きとる。少し水けをつけたまま、竹の皮の内側の中央部分に生地の1/6量をのばし入れる。生地部分に向かって両側面の端を折ってから、茎側、葉先側を折って包み、ひもで結ぶ。残りも同様につくる。
4 蒸気の上がった蒸し器に入れて25分ほど蒸す。
5 冷めたら竹の皮に包んだまま包丁で3〜4㎝のひと口大に切る。竹の皮を再利用する場合は皮をはがしてからひと口大に切る。

桜もち

〈大阪府〉

小麦粉でつくる関東とは違い、もち米の道明寺粉でつくる関西の桜もちです。もっちりとした中にもつぶつぶ感のある生地には桜の葉の香りとほんのりとした塩味が移り、あんの甘さを引き立てます。

道明寺は藤井寺市にある菅原道真公ゆかりの尼寺です。大宰府に流された道真公の無事を祈る陰膳のお下がりのご飯にご利益があると求める人が増え、ご飯を炊いて乾燥した道明寺糒《ほしいい》を配ったのが、後にもち米の道明寺粉になったといいます。道明寺ではもち米を2日間水につけて蒸し、屋内で10日、天日で20日ほど干してから石臼でひくそうです。寒中につくることで、幾年を過ごしても変質、変色しないということです。

昭和30年代にもお饅頭屋さんで買ってきて食べることが多かった桜もちですが、大阪市の東隣の中河内では手づくりすることもあり、道明寺粉ではなくもち米でつくったそうです。桜の葉はつけたまま食べる、春らしさを感じる日常のおやつです。

協力＝森川雅恵、古谷泰啓・惇子
著作委員＝東根裕子

撮影／高木あつ子

＜材料＞ 10個分

道明寺粉…100g
砂糖…20g
水…200mℓ
食紅…少々
こしあん…150g
桜の葉の塩漬け…10枚

＜つくり方＞

1. 鍋に水、砂糖を入れて沸騰させ、水で溶いた食紅を入れて薄い桜色に湯を染める。
2. 1に道明寺粉を入れて再び沸騰させ、火を弱めて芯がなくなるまで(約5分)煮た後、火を止め蓋をして約10分蒸らす。
3. こしあんは10個に分けて丸める。
4. 桜の葉は洗って30分くらい水につけて塩出しをし、水けを軽くふく。
5. 2を軽く混ぜてから10等分にし、かたくしぼったさらしの上に広げてあんを包む。桜の葉の裏を外側にして巻く。

【桜の葉の塩漬けのつくり方】

1. 大島桜か八重桜で若葉から少しかたくなりかけた頃(5月初め〜中頃)の大きくてきれいな葉を使う。
2. 洗って水をきり、さっと熱湯に通す。強火で約1分蒸してもよい。
3. すぐに冷水で冷やし、5〜10枚くらいずつ整えて、殺菌した瓶に詰める。水1カップ＋塩1カップの塩水を煮立てて冷めてから瓶に注ぐ。蓋をして涼しいところにおく。
4. 2カ月もするとよい香りがしてくる。保存中は常に葉が塩水に漬かっている状態にする。

撮影／高木あつ子

＜材料＞ 10個分

上新粉*…200g
湯…160mℓ
あん…200g

サルトリイバラの葉20枚

*市販されているだんご粉を使うと、口当たりのよいやわらかめの柏もちになる。

＜つくり方＞

1. あんは20gずつ10個に丸める。
2. 上新粉に湯を少しずつ加えながら混ぜ、耳たぶくらいのかたさになるまで手でこねる。
3. **2**を10等分して、あんを包み丸める。
4. 洗って水けをふいたサルトリイバラの葉2枚で**3**をはさみ、軽く押さえて平たくし（写真①）、蒸し器で15分蒸す。

①

〈山口県〉

柏もち

端午の節句や田植えのときにつくられただんごです。材料は米粉とあんのみで手軽にでき、サルトリイバラの葉にはさんで蒸すため葉の香りがだんごに移り、季節感があります。

県全域に伝わっており、地域によって「いぎの葉だんご」「ぶとんもち」「ほてんどもち」「さんけらもち」「おてんぽもち」などいくつもの名称があり、なじみ深いものです。

サルトリイバラの葉は6月頃（旧暦で端午の節句）になると葉もしっかりとかたくなり、柏もちがつくりやすくなります。親子で山へ行き、葉のある場所や大きさ、摘みどきを教わったものです。

田植え機が入る前の田植えは重労働でしたが、「柏もちが食べられる」と楽しみだった記憶になっているそうです。どこのうちでもたくさんつくって隣近所におすそ分けしたので、6月頃は柏もちを食べる機会が多くなりました。「葉っぱがはがしやすい」「うちは粒あんだけどこの家はこしあん」などと、上手なつくり方を教わったり、味の違いを楽しんだりしました。

協力＝小林小夜子　著作委員＝池田博子

〈京都府〉

ちまき

京都の夏を彩る7月の祇園祭では、厄払いにわらをクマザサで巻いたお守りのちまきがまかれたり売られたりします。これは家族の無病息災を願って玄関に飾ります。一方、殺菌作用のある笹類の葉にだんごを包んだちまきは端午の節句につくり、男の子の無病息災を願いました。1~2週間は常温で竿にかけておいても傷まず、かたくなればゆでるか蒸すかすると再びおいしく食べることができます。

府南部の京田辺市周辺ではアセ(ダンチク)で包みます。アセは葉が大きく、さらさらとしていて非常に包みやすく、香りもよいのが特徴です。3~4mと大きくなるため、風よけに植えられるなど、暮らしと密着していました。ちまきは、ご飯にできない割れた小米を粉にしてつくったものでした。昭和20年代にはだんごは砂糖を加えず、小皿に盛った砂糖をだんごにつけて食べるのが楽しみでした。その頃、砂糖は貴重品で、子どもが手伝いをすると、お駄賃として半紙に包んだ砂糖をもらったものです。

協力=加藤雅美　著作委員=米田泰子

<材料> 15本分

うるち米粉…450g
もち粉…50g
砂糖…100g
塩…小さじ1
熱湯…400mℓ

アセ(ダンチク)の葉45〜60枚
いぐさ15本

<つくり方>

1 アセの葉、いぐさはさっとゆでておく。
2 粉と砂糖、塩を混ぜ合わせ、熱湯を加えて耳たぶくらいのかたさになるまでよくこねる。
3 15等分にし、長さ約12cmの棒状、一方を徐々に円すい形にする。
4 アセの葉を3〜4枚、少しずらして持つ。いちばん下の葉の真ん中あたりに、ちまきの円すい形の底のほうを葉先に向けるようにおく(写真①)。
5 全体をくるんでひねっていく(写真②、③)。
6 左手でちまきをにぎったままいぐさを持ち(写真④)、葉先のちまきのない部分を右手でひねりながら手前に折る(写真⑤)。
7 葉先のひねったところをいぐさで2回、しっかり巻く(写真⑥)。そこから手元へ向かってらせん状に巻いていく(写真⑦)。最後の手元のところはしっかり結ぶ(写真⑧)。
8 巻き終わったちまき(写真⑨)は5〜8本ずつ輪ゴムの2回巻きで束ね(写真⑩)、たっぷりの湯で約10〜15分ゆでる(写真⑪)。輪ゴムがあまりきついとつぶれて変形するので加減する。
9 アセの葉をむきながら食べる(写真⑫)。

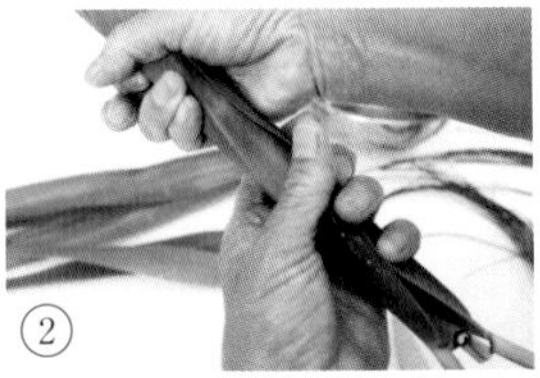

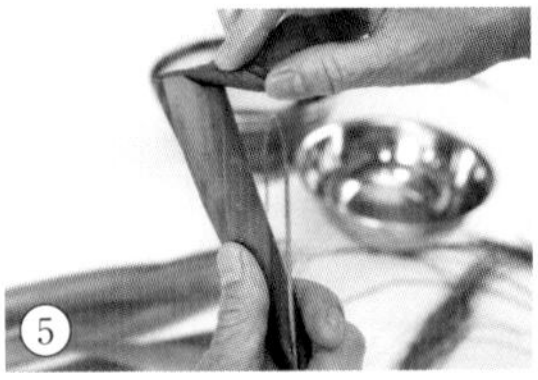

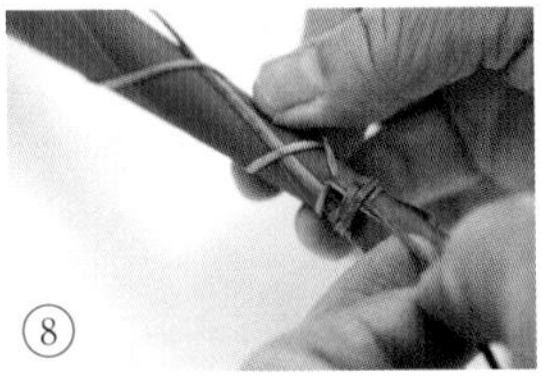

撮影／高木あつ子

〈鳥取県〉

笹巻き

県全域でつくられている米粉のおやつです。旧暦で行なわれる端午の節句が近づくと、山に笹の葉をとりに行き、笹巻きをつくり、お供えをしてから皆で一緒に食べます。6月頃の笹の葉はやわらかく扱いやすいので、笹巻きに使うのにちょうど良いのです。地域によっては6月の田植え終わりのお祝い行事「代満《しろみ》て」でもつくります。ほのかな甘味のだんごにさわやかな笹の葉の香りが移り、食べるとすがすがしい気持ちになります。

まきの粉に砂糖を加えるか、笹の葉でどう巻くか、ゆでるか蒸すかなど笹巻きのつくり方は地域によってさまざまです。鳥取市周辺では今回紹介した「三味線巻き」、県中西部では「ほおかむり」という方法で巻きます。

鳥取では昔から笹の葉が魔除け的に捉えられており、笹巻きをゆでる地域ではゆで汁を家の周りにまいたり、マムシ除けに足に塗る風習があります。葉に殺菌作用や抗菌作用があることを経験的に知っていたのかもしれません。

協力＝フレッシュ八頭
著作委員＝松島文子、板倉一枝

＜材料＞ 55個分

まきの粉*…1kg
砂糖…200g
塩…小さじ1
ぬるま湯…3と3/4カップ

笹の葉（やわらかい芯葉）55枚、笹の葉(葉についた茎も15cmほど残しておく) 240枚ほど、シュロの葉、わら、いぐさなど20cmほどの長さのもの（ナイロンひもでもよい）66本

*もち米とうるち米を8：2〜7：3で混ぜて製粉した笹巻き用の粉。鳥取県では時期を問わず1kg単位で販売されている。

＜つくり方＞

1 笹の葉はきれいに洗い、ふく。ぬるま湯は、一度沸騰させてから40℃ほどに冷ます。
2 まきの粉をボウルに入れ、砂糖と塩を加えて混ぜ合わせる。ぬるま湯を少しずつ加えながら混ぜ、耳たぶほどのやわらかさになるまでよくこねる。このままラップをして一晩おくと弾力が出る。
3 生地が1個35gほどになるよう55等分し、それぞれを楕円形に丸める。
4 笹の葉のうち、やわらかい芯葉を広げ、表面に生地を1個おく。葉を半分に折り、生地にかぶせるようにくるむ。
5 ずらして重ねた笹の葉3枚の表面に4をおき（写真①)、左右からくるむ(写真②)。
6 別の笹の葉（A）の茎を5の真ん中に当て（写真③)、上の3枚の葉を手前に折り（写真④)、Aの茎に1回巻きつける（写真⑤)。Aを持ち（写真⑥)、Aの茎を3枚の笹の葉の端に1回巻きつけ（写真⑦)、葉を後ろから手前に回し（写真⑧)、そのまま3〜5回しっかり巻く（写真⑨)。茎の部分まできたらシュロの葉を裂いたひもで結んでとめる。
7 お供え用につくる場合はこれを5個一組に重ねて、外表になるよう半分に折った笹の葉を上におき、再度ひもで結ぶ（写真⑩)。茎の長さを切りそろえる。
8 10分ほどゆでるか、蒸し器で15分ほど蒸す。笹の葉をむいてそのまま食べる。

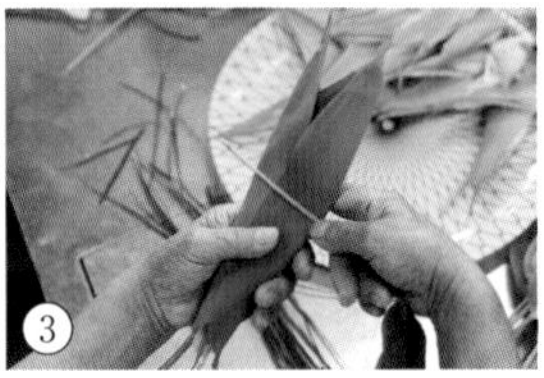

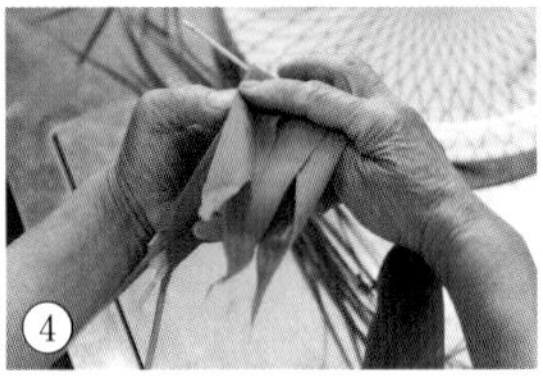

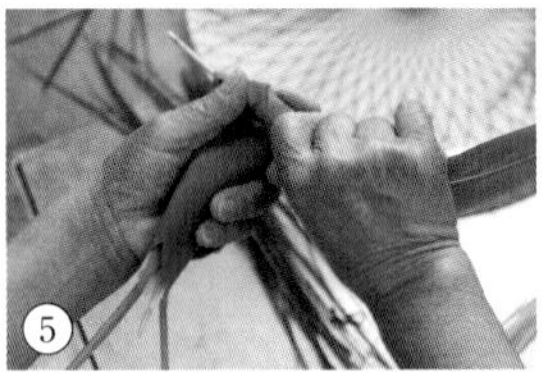

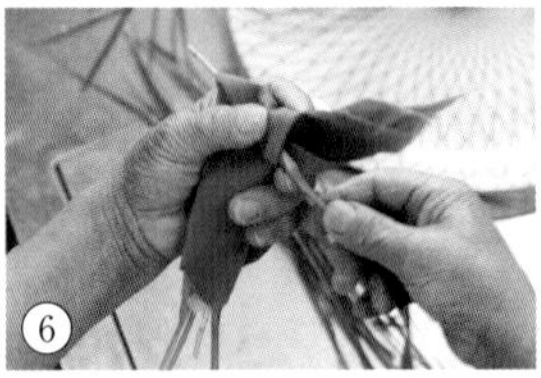

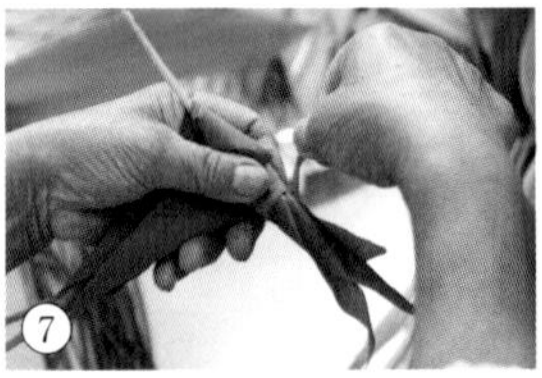

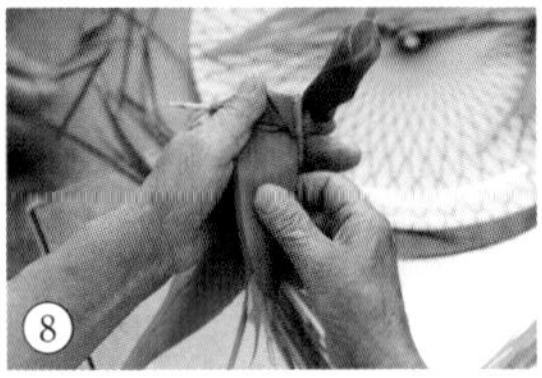

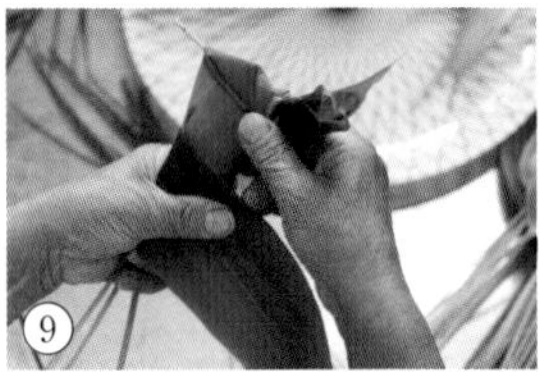

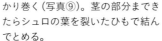

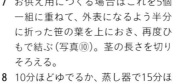

撮影／五十嵐公

撮影／高木あつ子

〈島根県〉

笹巻き

県東部の出雲地方では月遅れの6月の端午の節句に、ちまきとも呼ぶ米粉でつくった笹巻きを食べます。砂糖もあんも入りませんが、食味のよい奥出雲の米でつくったもちはやわらかくなめらかで、きな粉や砂糖醤油で食べるととてもおいしいものです。地元の人は「これを食べて大きくなった」というほどその時期にはたくさん食べ、今も家族でこぞって食べます。

節句が近づくと、多くの人が笹巻きに使うクマザサを山にとりに行きます。この時期の笹は毒消し作用が強く、切り傷やすり傷に包帯代わりに用いるとみるみる回復するといわれます。そこで、かわいい孫を白いもちにたとえ、病気やけがをすることなく一年間毎日元気に暮らせるようにとの願いをこめて、笹を巻いたとされています。地域によっては内側に巻くやわらかい葉をはだこと呼びます。

笹の巻き方や束ね方にはいろいろあり、ここでは笹が豊富な地域で贈答用にも使われる、笹を何枚も使った束ね方を紹介しました。

協力＝安部昭子、青木裕子、佐藤陽子
著作委員＝石田千津恵、藤江未沙

＜材料＞ 25個分

もち粉*…950g
うるち米粉*…50g
湯冷まし（50～60℃）…3カップ

┌ きな粉、砂糖…各25g
└ 塩…少々

┌ 醤油…大さじ1強（20g）
└ 砂糖…大さじ3強（30g）

笹の葉（巻く用）100枚、笹の葉（ほおかむり用のやわらかい芯葉。はだこ）25枚、串（笹の軸）25本、とうしん**（飾りとひも用）100本、束ね用のわらと笹の葉

*もち粉100％だともちが笹にくっつきやすい。

**乾燥させたいぐさの花と茎。いぐさは別名、燈芯草（とうしんそう）。

左から、巻く用の笹の葉、とうしん、ほおかむり用の芯葉、串。とってきた笹を葉、芯葉、軸に分け、洗って使う。軸は20cm長さに切る

＜つくり方＞

1 もち粉とうるち米粉を合わせてこね鉢やボウルに入れる。湯冷ましを少しずつ加え、最初は指を立てて混ぜ、まとまってきたら手のひらでこねる。こねているうちにやわらかくなるので、お湯は一気に加えず、粉の様子をみながら少しずつ加え、入れすぎない。最低でも15分は力を入れてこね、耳たぶくらいのかたさのなめらかな生地をつくる（写真①）。

2 60gずつに分け、丸めて串に刺し、中表にしたほおかむり用の葉の真ん中より軸側にのせる（写真②）。葉を2つに折り、もちにかぶせる。

3 ずらして重ねた笹の葉3枚の上に2をのせ、全体を巻く（写真③）。

4 別の笹の葉の茎を当てて上方を折り（写真④）、その茎を芯にして右側に折りこむ（写真⑤）。このとき、差しこんだ笹の葉の向きが葉表になるようにする。葉表のまま1回巻き、とうしん2本を、花を上向きにはさみ（写真⑥）、下方まで笹の葉を巻く。

5 別のとうしん2本で巻き終わりを結ぶ。結び方は、とうしんの端を親指で押さえ、親指にかけて1回、親指をはずして1回巻き（写真⑦）、親指を抜いたすき間にとうしんを通し、もう片方の端を上に引く。長い部分は切る（写真⑧）。

6 5を5本ずつ、笹巻きの高さをそろえてまとめ、わらひもで結ぶ（写真⑨）。これを逆さにして周りに笹の葉を並べ、最初にかけたわらひもよりもち側をしばる（写真⑩）。上に返して葉を折り返し（写真⑪）、またひもで結び根元を切りそろえる。

7 大鍋に湯を沸かし、もちの方を下にして立てた状態で20分ゆでる（写真⑫）。

8 きな粉や砂糖醤油をつけて食べる。笹はひもをほどいてはずすのではなく、もちの部分の笹の葉を開き、串に刺さったもちをほおかむりごと引き出し、ゆっくりはがす。

◎もちはよくこねるとなめらかになり、笹にもくっつかない。地元では陶製のこね鉢を使う。重みで鉢が動かないのでこねやすい。

◎家庭では写真⑨のようにちまきを5本束ねた状態でゆでるとよい。

◎かたくなったら、ゆでてやわらかくして食べる。

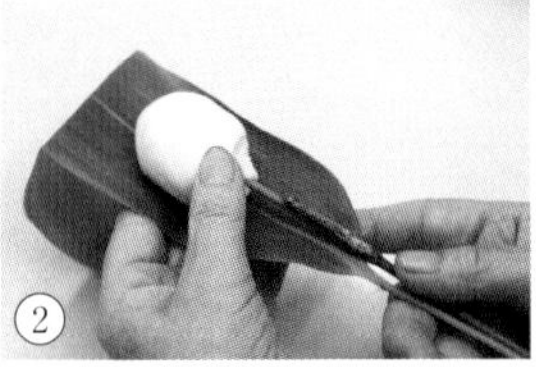

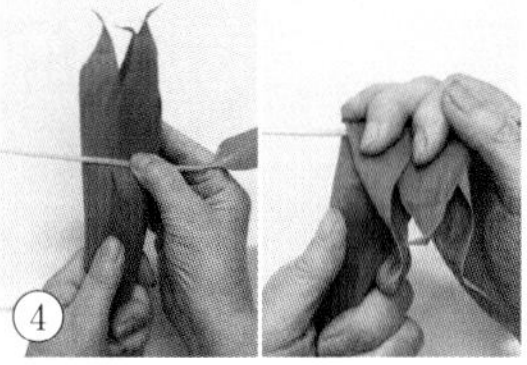

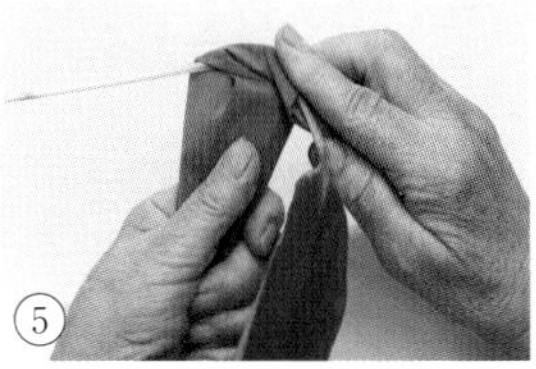

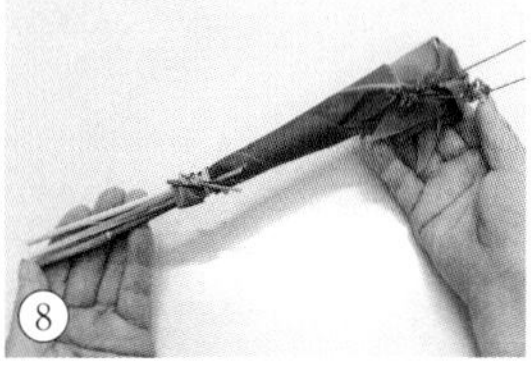

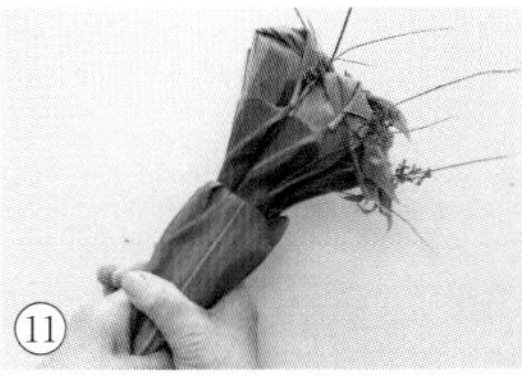

〈島根県〉

いがもち

えがもち、花もちとも呼ばれる松江地域に伝わるひなの節句のお菓子です。月遅れの4月3日、女の子のいる家庭では家に代々伝わる素焼きの型を使っていがもちをつくり、神棚やおひな様の前にお供えし、初節句には近所に配りました。色とりどりのいがもちを飾ると子どもたちも喜び、こしあん入りのやわらかいもちを食べるのはひな祭りの楽しみでした。

昔は色づけしたもち米をのせて蒸し、その姿が栗のいがに似ているので、いがもちの名がついたそうです。現在は練った生地に色をつけますが、色のつけ方や生地の押さえ方でできばえが変わり、きれいにつくるのは案外難しいです。

下に敷くのは椿の葉です。椿はその昔、茶人として有名な松江松平藩7代藩主不昧公《ふまいこう》が参勤交代時に江戸や京都から苗を持ち帰った花で、松江市内にはさまざまな品種が植えられ、市の花としても親しまれています。一年中緑色の葉が手に入り、蒸すと色が変わるのでできあがりの目安にもなります。

協力＝高麗優子、安部良江、石丸佐栄子
著作委員＝藤江未沙、石田千津恵

＜材料＞ 10個分

ちまき用の粉*…250g
湯冷まし…150mℓ
こしあん…150g
色粉（赤、青、黄）…少々
かたくり粉…適量

椿の葉10枚

*もち粉とうるち米粉を混合した市販品。もち粉とうるち米粉を使うときは3：1の割合で混ぜる。

＜つくり方＞

1. 椿の葉は、両端を少し切り落とす。
2. 粉に湯冷ましを加え、耳たぶくらいのかたさにこねる。
3. 2の1/3をとり分けて3〜4つに分け、少量の水で溶いた色粉を加えて好みの色で色づけする。蒸すと濃くなるので色は薄めに。
4. こしあんを10等分にして丸める。
5. 残りの2を10等分にして、この生地でこしあんを包み丸く形を整える。
6. 素焼きの型にかたくり粉少々をふるい、3の色づけした生地を入れて型になじませ（写真①）、5をその上にのせて押さえる。
7. 型から出し（写真②）、椿の葉の裏面にのせて強火で8分ほど蒸す。葉が茶色くなれば蒸し上がり。
8. 蒸し器からとり出し、うちわであおいで冷ます。こうすると色が変わらず、つやよく仕上がる。

撮影／高木あつ子

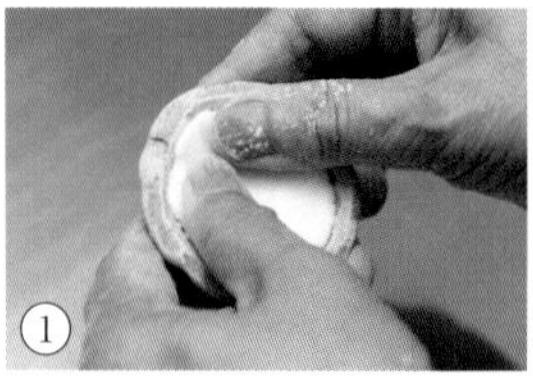

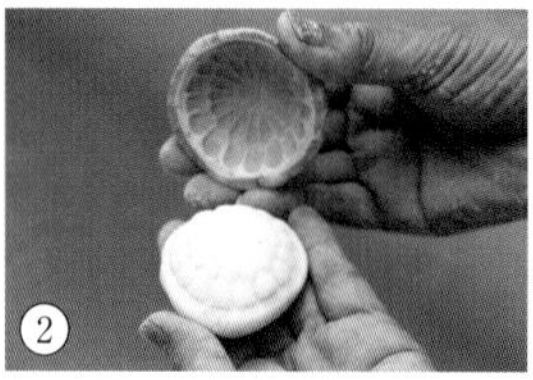

かぶ、うさぎ、笹、菊、椿など縁起物の素焼きの型

撮影／高木あつ子

<材料> 12個分

だんごの粉*…300g
冷水…1カップ
粒あん…300g
かたくり粉…適量

サルトリイバラの葉12枚（大）。小は24枚

*もち粉とうるち米粉を混合した市販品。もち粉とうるち米粉を使うときは65：35の割合で混ぜる。

<つくり方>

1 だんごの粉に冷水を少しずつ入れ、耳たぶくらいのかたさにしっかりとこねる。
2 1の生地を12個に分け、粒あんも12個に分ける。
3 生地を手のひらに広げ、あんを包み、かたくり粉を全体につけてサルトリイバラの葉ではさむ。葉が小さい場合は2枚ではさむ。
4 蒸し器に入れ、強火から中火で12分ほど蒸す。

◎かたくり粉をつけると、だんごが葉にくっつかず、はがれやすくなる。

◎かたくなったら蒸し直すとよい。

〈島根県〉

柏もち

島根県の柏もちはサルトリイバラの葉でつくります。山間部に多いサルトリイバラはつるにトゲがありサル除けとなっていたことから「サル捕りいばら」といわれていますが、県内各地ではいろいろな名前で呼ばれています。東部ではかたら、西部ではまき、隠岐ではかたりといい、柏もちもかたらもち、まき、かたりまんじと地域によって呼び名が違っています。つくり方は基本的にはどの地域も同じですが、西部では乾燥夏豆（そら豆）のあんを使うこともありました。

今は端午の節句につくることが多いのですが、昔は田植えが終わったあとの農休日《のうきゅうび》である泥落としや代満《しろみ》て（さなぶり）につくられ、甘い小豆あんが田植えの疲れを癒すとされました。泥落としが終わって一段落すると、嫁は柏もちを手土産に、実家に帰ったそうです。東部の山間部では半夏市《はんげいち》（7月初めの半夏生に開かれた市）の日も農休日で、この日もごちそうとともに柏もちをつくりました。

協力＝宮本美保子、石飛なす子
著作委員＝石田千津恵、藤江未沙

柏もち
〈徳島県〉

　徳島県では柏もちを包むときに柏の葉ではなく、サンキライ（サルトリイバラ）やニッキの葉を使います。端午の節句の前や田植えなどの農作業が終わると、近くの山に行って葉を摘み、米粉の生地であんこを包んだ「あん入り」と生地にあんこを練りこんだ「練りこみ」の2種類の柏もちをつくって出します。このとき、葉をとりに行くのは、子どもたちの役目。サンキライの葉はやわらかいともちにくっついてしまうので、6月頃に葉先から3段目くらいについたきれいな葉を摘みます。ニッキの木は常緑樹なのでいつでも使え、畑に植えている人もいました。もちをはさむとシナモンのようなさわやかな香りが移っておいしいのです。

「練りこみ」と「あん入り」、2種類つくるのは味や食感のバリエーションを楽しむためです。あん入りの方が甘味が際立っておいしいという人もいれば、練りこみのほうがやわらかく、あっさりしていていいという人もいます。

協力＝新居和、北山明子、加々美清美
著作委員＝坂井真奈美、松下純子

撮影／長野陽一

＜材料＞ 練りこみ10個分

こしあん…180g
上新粉…80g
もち粉…12g
水…1/4カップほど

ニッキの葉20枚（サルトリイバラの葉10枚でもよい）

ニッキの葉。つるつるした表面をもちにつけるとはがしやすく食べやすい

◎「あん入り」の柏もちは、上新粉160gともち粉25g、塩少々に水3/4カップを入れ、耳たぶくらいのかたさになるまでこね、卵大にちぎったものを20分ほど蒸す。ボウルに入れてもちのように粘りが出るまでつき、生地を12等分する。こしあん200gを12等分し生地で包み、サルトリイバラの葉で包み（またはニッキの葉ではさみ）再度20分蒸す。

＜つくり方＞

1 こしあんに上新粉ともち粉を加え、水を少しずつ入れながら手でよくこねる（写真①）。耳たぶくらいのかたさになるよう、水の量は調節する。
2 生地を10等分して丸め、ニッキの葉2枚ではさむ。サルトリイバラの葉の場合は大きいので1枚で包む。
3 蒸気の上がった蒸し器で20〜30分、葉の色が茶色になるまで蒸す。

〈熊本県〉

ゆべし

もち米の粉とうるち米の粉、ゆずの皮と味噌、砂糖を練り、真竹の皮に包んで蒸したもち菓子で、県北部の菊池市で食べられています。以前は11月頃になるとどの家庭でも黄色くなった庭のゆずをとり、一度にたくさんつくりました。もちもちとした食感で、ゆずと味噌、竹の皮の香りが口の中に広がります。最近はつくる家庭が減りましたが、来客時のおやつに出したり、友人知人に渡すお土産にする人もいます。

ゆべしは10日ほど日持ちがするうえ、竹の皮に防腐効果や保水効果があります。南北朝時代には豪族の菊池一族が戦場の携行食にした、江戸時代には参勤交代の道中で食べた、という話が伝わっており、昔から親しまれています。

他にも日本にはさまざまな「ゆべし」があります。熊本県南の人吉市ではゆずの果肉をくりぬいたものの中に味噌とこしょう（とうがらし）を詰め、蒸して干したものをゆべしと呼び、酒の肴やご飯のおかずとして食べています。

協力＝中丸芳子、中丸ひとみ
著作委員＝柴田文

撮影／戸倉江里

＜材料＞ 80〜100gのもち27〜28個分

もち粉…600g
うるち米粉…400g
ゆず…4〜5個
┌ 麦味噌…200g
│ 水…2カップ
└ しょうが…1かけ（15g）
三温糖…750g

20cm×30cmほどの真竹の皮27〜28枚、竹の皮から裂きとった5mm×28cmのひも

①

＜つくり方＞

1 米の粉は、合わせてふるう。
2 ゆずは洗い、皮の部分をすりおろすかピーラーで皮をむき、ミキサーにかける。三温糖小さじ1をふりかける。
3 味噌と水、しょうがをミキサーにかける。
4 1、2、3と残りの砂糖をボウルに入れる。混ぜて耳たぶくらいのかたさにする。
5 生地を27〜28個に分ける。生地の一つを丸めて手で押さえてのばし、水洗いした竹の皮の中央部におき、竹の皮の4片を折りたたんで包み、裂きとったひもで結ぶ（写真①）。
6 蒸し器に並べて40分〜1時間蒸す。途中、30分ほどたったら裏返す。

◎もち粉とうるち米粉はだんご粉1kgでも代用可。その場合はふるう必要はない。

〈鹿児島県〉

あくまき

鹿児島の端午の節句に欠かせないもち菓子です。孟宗竹の皮で包み灰汁《あく》で煮ることで、高温多湿の気候でも日持ちします。関ケ原の戦いに兵糧として持参したのが始まりともいわれ、男の子が健やかに成長するようにと家庭でつくられてきました。同じように灰汁で煮るものに種子島の角《つの》巻き、坊津《ぼうのつ》の唐人巻きがあります。

できのよいあく巻きは米粒もなくやわらかく、つやつやとしたべっこう色で美しいものです。きな粉や砂糖、黒砂糖をかけるとわずかな灰汁の苦味とからみ合い、独特の風味を醸し出します。子どもの頃、この味を舌にすりこまれた鹿児島県民は端午の節句にあくまきを食べないとどこかしら落ち着かず、郷里を離れていてもこの味に郷愁を覚えるといわれます。

木灰の種類や灰汁の濃さによってできあがりの味は異なり、各家庭の味になるとともにその年のできも左右します。現在はあくまき用の木灰や灰汁が市販され、手軽につくれるようになっています。

協力＝山下和枝、能塩みよ子、江口スワ子、徳永ヨシエ　著作委員＝進藤智子、大山典子

＜材料＞ 20本分（大鍋1つ分）

もち米…2kg
灰汁…1.8ℓ

孟宗竹の皮20～22枚

＜つくり方＞

1 もち米は洗い、灰汁に一晩浸漬しザルにあげる。灰汁はとっておく。
2 孟宗竹の皮を4～5時間水につけてやわらかくする。先端が残っていたらはさみで切る。
3 竹の皮の端から、約0.5㎝幅にひも状に裂く。1枚につき3～4本ひもをつくる（写真①）。
4 竹の皮を横長に広げ、下部を1/3のところで折り曲げ、両端を折り、袋状にする（写真②）。
5 両端を重ねたところを親指で押さえ、1の米を湯飲み茶わんで入れる（写真③）。煮ると米がふくらむので、入れすぎないこと。
6 両端をいったん開き、ゆとりをもたせて上部を折り曲げる（写真④）。両端を折って3～4カ所、3のひもでゆるくしばる。
7 6を鍋に並べ入れ、1の灰汁適量と水（分量外）をたっぷりと入れ、途中、水をつぎ足しながら3時間程度煮る。煮上がったら、ザルにとり冷ます。
8 食べるときに皮をむき、糸または竹の皮ひもで厚さ1～2㎝の輪切りにする。ひもの片側を口にくわえると切りやすい（写真⑤）。好みできな粉、黒砂糖、白砂糖などをつける。

◎あく巻きを煮るときの灰汁は、1で残った全量を使うと苦味が強くなる。この希釈加減が家庭の味になる。

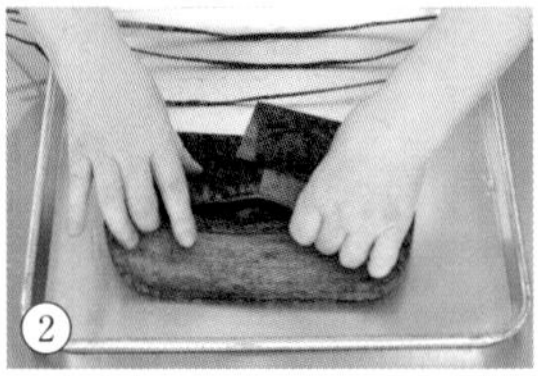

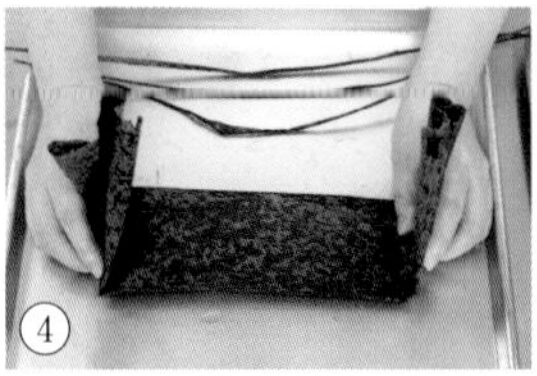

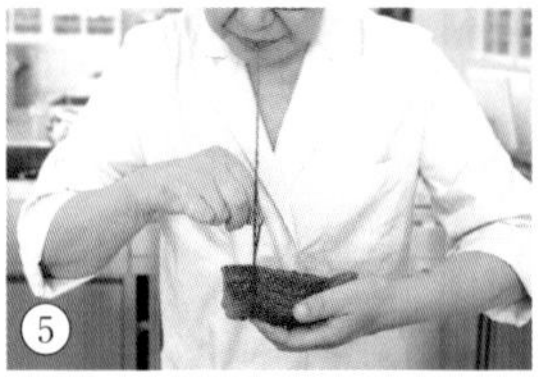

灰汁のつくり方

灰汁は、灰を水に入れてできる上澄み液のこと。自分でとるときは、布を敷いたザルに木灰をドーナツ状に周囲を高くして入れ、真ん中のくぼみにお湯を注いでゆっくり抽出する。

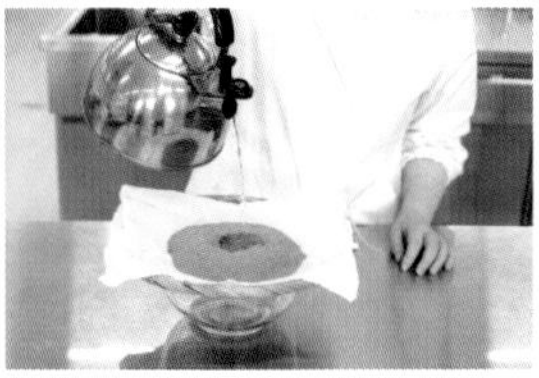

鹿児島ではかつお節製造の焙乾作業ででた木灰や、木灰でつくった灰汁が市販されている

種子島の角巻きはダチク（ダンチク）の葉2枚で三角にし、頭に角が出ているように包む。ひもは、ミチシバと呼ばれる植物の茎。中に小豆を入れることが多い

撮影／長野陽一

〈鹿児島県〉

いっさきだんご

県本土の中央部にある始良《あいら》地区では、田植えだんごを田ノ神様や仏壇にお供えして五穀豊穣を願い、田植え時のお茶うけにしてきました。米粉や小麦粉に同量のさつまいもを混ぜた生地であんを包んだり練りこんだりして、身近にある葉に包んで蒸します。さつまいもが入っているのでやわらかく、ほっとするおいしさです。

始良の中でも蒲生《かもう》という日本一大きな楠《くすのき》の木がある山間の地域や祁答院《けどういん》では、「いっさき」の葉で包むのでいっさきだんごと呼ばれます。いっさきとは鹿児島弁で青桐のことをいいます。青桐は葉先が五つに裂《さ》けているので五裂《いっさき》と呼ばれているのです。地域にたくさん自生し、6月の田植えの頃に大きくしっかりとした葉になり、葉柄が長くてひもにもなるので、昔からこれを使うそうです。

昔の田んぼの作業は地域で手伝い合いました。田植えも2〜3日かかったので、毎日だんごを50個近くつくって持って行き、みんなで田んぼで食べたそうです。

協力＝井尻トミエ、堀朝子、竹下妙子、福崎照美　著作委員＝竹下温子

撮影／長野陽一

＜材料＞ 4〜6個分

さつまいも…100g
小麦粉…50g
上新粉…25g
もち粉…25g
砂糖…25g
塩…2〜3つまみ
ぬるま湯…80〜90mℓ
こしあん…120g

いっさき（青桐）の葉4〜6枚（竹の皮や地域に生えている葉でよい）

＜つくり方＞

1 さつまいもの皮を厚くむき、やわらかく蒸すかゆでて、裏ごしする。
2 小麦粉、上新粉、もち粉を合わせてふるい、砂糖、塩、ぬるま湯を加えて耳たぶくらいのかたさまで練り上げる。
3 **2**を4〜6等分にして丸め、手のひらで広げて等分したあんを包む。
4 いっさきの葉に**3**のだんごをのせて包む。5つに分かれている葉先の、右端2番日から順番に葉をかぶせ（写真①、②）、最後に右端の葉先をかぶせる（写真③）。柄をぐるんと回し、はずれないように端をはさむ（写真④）。
5 強火で8〜10分蒸す。

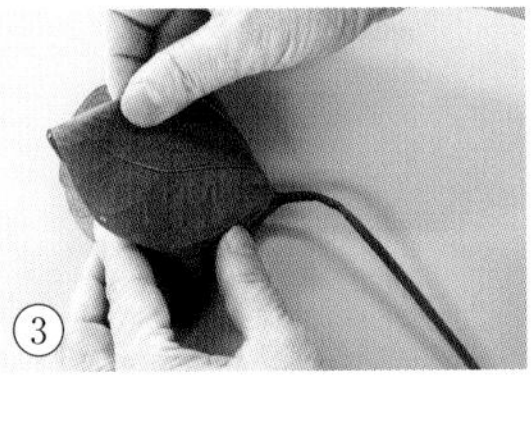

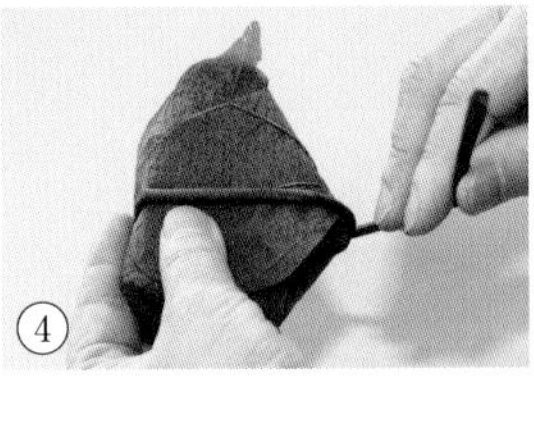

〈沖縄県〉

ムーチー

ムーチー（もち）は旧暦の12月8日に子どもの健康祈願、厄払いなどとしてつくられるもちです。サンニン（月桃）やクバなどの葉（カーサ）に包んで蒸すので、カーサムーチーともいわれます。仏壇や火の神（火をつかさどる神）にムーチーを供え、その年に子どもが生まれた家庭では「初ムーチー」といって親戚や近所に配ったりします。

葉を開くとサンニンの独特な香りが広がり、食感はやわらかくもっちりとしています。昔は砂糖なしのムーチーもありましたが、今では砂糖入りがほとんどで、黒糖、ザラメ、グラニュー糖などさまざまです。蒸してつぶしたかぼちゃやさつまいもを入れて色をつけたり、ピーナッツをのせたりすることもあります。紅芋の粉末などを使うと、より手軽につくれます。

昭和30〜40年代頃はムーチーを子どもの齢の数だけ家の鴨居からつるして、一日に1個ずつ食べる風習もありましたが、今ではほとんどみられなくなりました。

協力＝喜納静子、森山尚子
著作委員＝田原美和、森山克子、大城まみ

＜材料＞10〜12個分

もち粉…300g
砂糖…120g
水…150〜180mℓ *
*生地の状態をみながら加減する。

サンニン（月桃）の葉10〜12枚、ひも

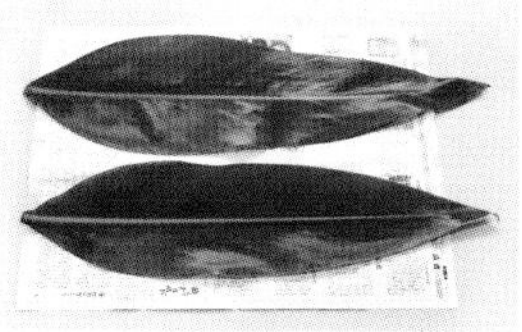

＜つくり方＞

1 サンニンの葉は、きれいに洗って水けをふきとる。
2 もち粉と砂糖を軽く混ぜ合わせ、水を少量ずつ加えながら、手でよくこねて、耳たぶくらいのかたさにする。それを10〜12等分にする。
3 **2**を平たい長方形にして、サンニンの葉の裏側にのせて包む。脇を巻いて全体を葉で包むようにする（写真①）。葉を折り返して長方形にまとめ、ひもでしばる。
4 蒸し器に**3**を立てて入れ（写真②）、25〜30分ほど強火で蒸す。立てることでむらなく蒸し上がる。
5 食べるときは葉をむきながら、端から食べる。

左は上白糖、右は粉黒糖

撮影／長野陽一

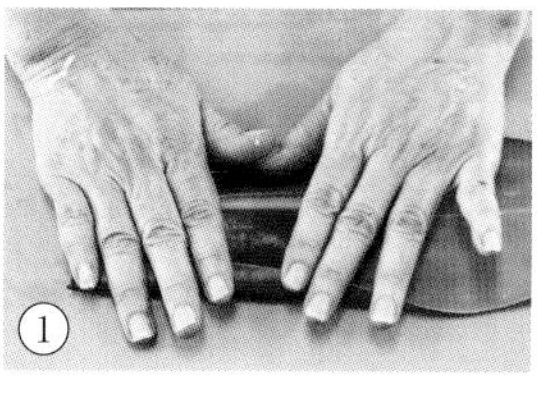

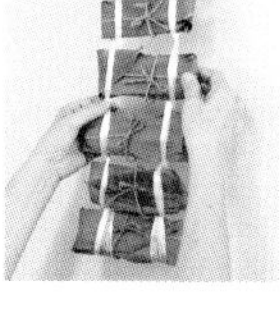

ムーチーは子どもの齢の数だけひもでしばり、家の鴨居からつるした

形を変える米
多彩なつくり方と食べ方

本書に掲載されたもちやだんご88品を比較してみると、食材の使い方や調理法に、その料理ならではの特徴や地域特性が見えてきます。レシピを読んで、つくって、食べるときに注目すると面白い、そんな視点を紹介します。

米は粒のまま、ご飯やおこわとして食べる以外にも、さまざまに姿を変えて食べられてきました。もちやだんご、まんじゅうは全国に見られます。

もちはたくさんの米粒を凝縮させたもので、神事に供える特別な食べ物から始まり、祝い事のごちそうになっています。だんごやまんじゅうは、節句や祭りの際の楽しみです。かつては粒で食べられないくず米を無駄なく食べる工夫としてつくられてきたという話が各地で伝えられています。今では米粉の扱いやすさを生かして多彩な味と食感と形のおやつが生み出されています。

●東北のもち文化

もち米100％の白もちをつきたてで、いろいろな衣や具でからめて食べる文化は、とくに東北に多く見られます。宮城のもち料理（p6）では、正月はもちろん、盆にはおみやげもち、彼岸もおはぎではなくもちをついたといいます。岩手のもち料理（p8）でもお大師様の年越しなど神々の日、農作業の節目、冠婚葬祭でもちをつき、婚礼では「もち本膳」というもちづくしがあったそうです。同様な食べ方は山形でも見られます（写真①）。

山形のつきたてもち（レシピ掲載なし）。左からあんこ、くるみ、納豆。正月は甘いあんこやくるみ、ごま、きなこもち、塩けの納豆もち、雑煮など、5、6種のもちがつくられる。（協力・村上弘子、柏倉ミツ、新宮みち／著作委員・宮地洋子）（撮影／長野陽一）

関東以南では山梨のあべ川もち（p19）、大阪のくるみもち（p22）、福岡の酢もち（p26）が紹介されています。

一方で、本書で紹介される半づきのぼたもち・おはぎ類は10品ですが、中部北陸以西が多い傾向です。つきたてもちは東北、半づきもちは中部以西という傾向の違いが実際にあるのか、あるならばそれはなぜなのか、興味がわくところです。

●甘い衣はとろり、塩味の具はさっと

つきたてのもちにつける衣や具には、次のようなものがあげられています。

〈甘い衣〉

小豆あん（各地）、ずんだ（枝豆あん）（p7）、くるみ（p7）、じゅうねん（えごま）（p12）、水あめ（p8）、黒蜜ときな粉（p19）、大豆あん（p22）

〈塩・醤油味の具〉

納豆（p7）、えび（沼エビ）（p7、8）、しょうが（p8）、ふすべ（昔はどじょう、いまは鶏肉）（p7）、ほうれん草（p7）、にらとツナ（p7）、豆腐（p11）、キャベツ（p11）

どちらかというと、甘味のある衣は粘性があり、もちにからみつく状態になっているようです。あんやずんだやじゅうねんなどです。これに対して醤油などで味つけされた具はもちにさっとからめている場合が多いようです。これには甘味と塩味の味覚感受性も関係しているのではないかと推測します。

塩味のおいしい範囲は0・6～2％程度といわれています。一方、甘味（ショ糖）については5～50％程度まで人は好んで食べるようです。このようなことから、甘味のあるものはとろーりとたっぷりつけ、塩味系のものはさっとまぶして食べる傾向があるものと考えられます。

●さつまいもか、里芋か　副材料の働き

徳島のいももち（p23）、熊本のこっぱもち（p27）、宮崎のねりくり（p28）、鹿児島のねったぼ（p29）は、さつまいもを入れてつき上げるもちです。さつまいもを入れると甘味や風味が増す、粘りが抑えられて食べやすくなる、やわらかくなる、といった効果があるといわれています。

一方、半づきのぼたもち類では、富山のいもがいもち（p44）、奈良のいもぼた（p47）、和歌山の亥の子もち（p48）などで里芋がつき混ぜられています。うるち米と混ぜて粘りを出す、もち米を節約するため、といった理由があげられており、里芋を加えることで歯切れがよくなる、やわらかくなる、かたくなりにくい、といった効果があるようです。鳥取のいもぼた（p50）はさつまいもを混ぜますが、さつまいもの半量を里芋に替えると、つるっとして食べやすく、おはぎよりもしっとりとした食感になるといいます。

もちの生地に練りこむものとしては、他にもバター（p9）、味噌（p10）、ごんぼっぱ（p12）、青のり（p14）、きび（p16）、とち（p21）、おから（p24）、よもぎ（p25）などがあります。

秋田のバターもちは、寒くてもかたくなりにくいといわれています。これは、もちに加える砂糖とバターの効果が考えられます。砂糖はでんぷんの老化を抑制し、バターは粘度を安定させ口どけもよくします。またバターの風味成分には揮発性が高い短鎖脂肪酸が含まれているため、香りを良くしている効果もあるでしょう。

よもぎを入れる効果としては、色・香りの向上、また繊維が多いためかたくなりにくいという効果もあるようです（p122参照）。

このように、多彩な副材料にもそれぞれが利用される合理性があり、地域の産物を生かしながら、長期間おいしく食べるための工夫がされていることがわかります。

●葉っぱで包むおやつ

いろいろな葉で包む料理やおやつは、「すし」「小麦・いも・豆のおやつ」「炊きこみご飯・おにぎり」の巻にも登場してきました。今回も、葉で包むものが17品登場しています。使われている葉もさまざまで、笹の葉、朴葉、竹の皮、桜の葉、アセ、サルトリイバラ、青桐、月桃などです。東京の新島では馬草萱《まぐさがや》という萱をつかったただんごもあります（写真②③）。笹や朴葉で包むことについては、抗菌作用があり、保存性が高まったことも各地で使われた要因になっていると考えられます。また葉の香りがもちの風味に加わり、よりおいしさが増したのでしょう。

山形の笹巻き（p92）、新潟の笹だんご（p94）、京都のちまき（p102）、鳥取の笹巻き（p104）、島根の笹巻き（p106）は、何枚もの葉を重ねて、はみ出るところがないようにしっかりと巻いて包みます。ゆでるためかもしれませんし、保存性を保つためにも必要なのかもしれません。その巻き方や結び方が地域独自のスタイルになっているのは、祝いや行事での儀礼食の役割もあり、心をこめてつくられてきた歴史を感じさせるようにも思えます。

長野の朴葉巻き（p96）は、葉が5枚程度ついた枝を選び、枝からはずさずにだんごを包んでいきます。できあがった姿はとても美しく、持ち運びにも便利です。鹿児島のいっさきだ

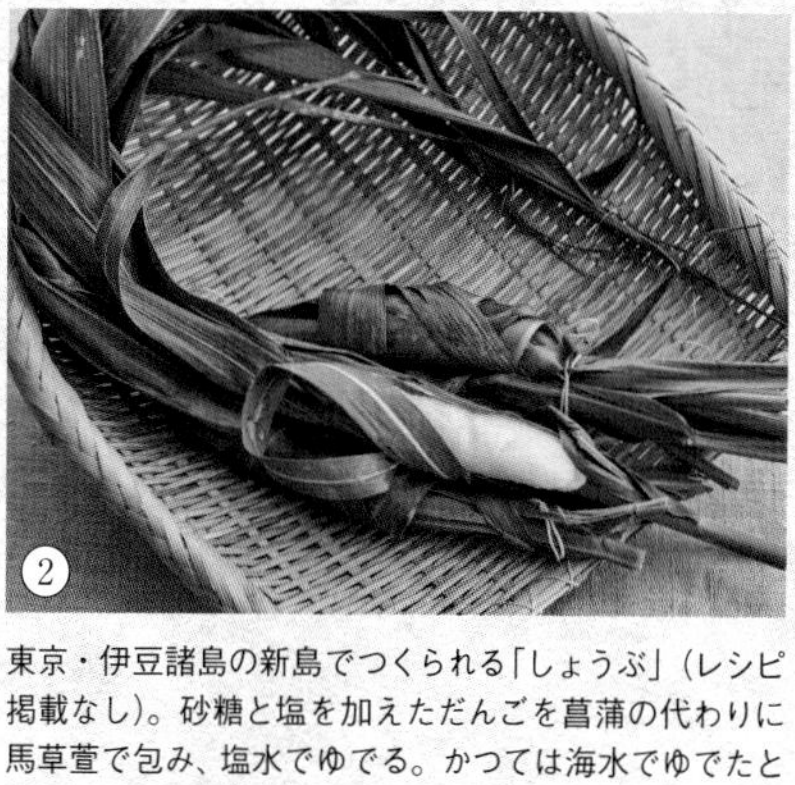

東京・伊豆諸島の新島でつくられる「しょうぶ」（レシピ掲載なし）。砂糖と塩を加えただんごを菖蒲の代わりに馬草萱で包み、塩水でゆでる。かつては海水でゆでたという。（協力・梅田喜久江、宮川清み／著作委員・色川木綿子）（撮影／長野陽一）

馬草萱は島のあちこちに生えている。包むときは茎についたままの葉を使ってくるんでいく。萱の葉を長くのばしているのは、子どもが勢いよく成長するように、という願いがこめられている。（同右）

んご（p114）は青桐の葉を使い、5つに分かれた葉を巧みに折りたたんできれいに包み、最後は葉柄で結ぶ方法がとてもユニークで、田植えなどに持って行き、田んぼで食べるという姿が目に浮かぶようです。自然の造形を大切に生かしてつくられたおやつです。

多くの聞き書きで、葉をとりに行くのは子どもの役目だったといわれています。どの時期にどのような葉がよい状態なのかを山や野原に出かけ、体験的に覚えることができたのでしょう。

●端午の節句と雛の節句

端午の節句でつくられるおやつには、葉で包むものが多いようです。既出の笹巻きや笹だんご、ちまきや朴葉巻きに加えて山口、島根、徳島の柏もち（p101、109、110）、鹿児島のあくまき（p112）もそうです。これらで使われる葉が、端午の節句頃に最も美しく香りが高く、葉柄がやわらかくて包みやすいということも関係しているのではないでしょうか。

ちなみに、柏もちによく使われるサルトリイバラの葉は、地域によって呼び方が多様で、山口では「いぎの葉」など、島根では「かたら」などとも呼ばれています。和歌山では「えべつ」（写真④⑤）、広島では「しば」、福岡では「がめの葉」ともいうそうで、その他にもさまざまな呼び方があるそうです。それだけ身近な葉だったのでしょう。

和歌山のえべつもち（レシピ掲載なし）。現在は上新粉でつくるが、かつては小麦粉（メリケン粉）でつくることもあり、すぐかたくなった。かたいのは焼いて食べたという。（協力・寺中佐知子／著作委員・橘ゆかり）（撮影／高木あつ子）

えべつもちには、貴重な小豆の代わりに乾燥そら豆からつくったそら豆あんを入れた。古い豆の方が色が濃く、小豆あんに近いので好まれた。（同右）

一方、雛の節句でつくられる岩手のひなまんじゅう（p67）ときりせんしょ（p68）、山形のくじらもち（p73）、新潟のおこし型（p76）、京都のよもぎだんご（p82）、愛媛の醤油もち（p86）、島根のいがもち（p108）などは、型を使って美しくつくるものが多いようです。岩手や新潟、島根では、桃色や黄色などさまざまな色をつけ、華やかさを演出しているようにも見受けられます。色や柄、形をかわいくしたのは女の子の節句を祝ったのかもしれません（写真⑥）。

愛知のいがまんじゅう（レシピ掲載なし）。西三河地域では、着色した米粒をつけたまんじゅうがひな祭りにつくられる。赤は魔よけ、緑は生命力などの意味がある。（協力・輝きネット・西三河／著作委員・森山三千江、山本淳子）（撮影／五十嵐公）

●湯でこねるか水でこねるか

上新粉とうるち米粉は、吸水させたうるち米をすりつぶし粉にしたものです。上新粉より粒度が粗いものは並新粉、細かいものは上用粉といいます。

もち米の粉のうち、もち粉は吸水させた米をすりつぶし粉にしたもので、求肥粉《ぎゅうひ》ともいいます。白玉粉は吸水させた米に水を加えながらひいた乳液を圧縮脱水し乾燥させた粉で、寒ざらし粉ともいいます。道明寺粉は米を吸水させ、蒸して乾燥させてから粗くひいた粉です。

一般的にうるち米の粉は湯でこね、もち米の粉は水でこねます。これにはうるち米ともち米のでんぷんの組成が関係しています。

でんぷんはブドウ糖が鎖状につながってい

ますが、直鎖につながったアミロースと、20個程度のつながったブドウ糖が枝分かれするように結びついているアミロペクチンという2つの構造があります。うるち米はアミロースを2割前後含んでいますが、もち米はアミロペクチンのみになっています。

人間がでんぷんを消化するためには糊化を起こさなければいけません。うるち米の粉の場合は、熱湯を使いアミロースの規則正しい構造を緩ませ、水がでんぷんの間に入りやすくする必要があります。このときでんぷんの一部が糊化するので粘りが出てまとまりやすくなります。

アミロペクチンは枝分かれした構造を持っているので吸水しやすく、糊化に必要な水も少ないです。そのため、アミロペクチンだけのもち米の粉は熱湯でこねると表面だけが先に糊化してしまい、内部まで水が浸透しにくいということが起こるので、水でこねます。

実際にはうるち米の粉ともち米の粉を混合することが多いので、ぬるま湯でこねる、といった方法もとられています。できただんごは、うるち米の粉が多いと弾力が、もち米の粉が多いと粘りが強くなります。本書で紹介されているものの配合割合を調べてみましたが、もち米の粉：うるち米の粉の割合は3：2、4：1ともち米の粉の多いものもあれば、1：3、3：7とうるち米の粉の多いものもあり、同量というものもありました。

うるち米の粉ともち米の粉を混ぜる他に、かたくり粉（p73、78、80）や小麦粉（p9、66、96、114）を混ぜる場合もあります。これらの多様な配合が実際には味や食感、日持ちといった点でどのように作用するのか、興味は尽きません。

北海道のべこもち粉（p63）、鳥取のまきの粉（p104）といった地域限定の粉も、旅行などで訪れた際には入手してみたいものです。

●いろいろな甘さ

甘味をつける方法としてもっとも多いのは砂糖ですが、かつては買ってくるものである砂糖は節約して、身近なもので甘味をつくりだすことも行なわれていました。

成分的に見ると砂糖の主成分はショ糖です。各地で使われるさつまいもは加熱すると麦芽糖が生成されます。宮城の柿のり（p70）や栃木の柿もち（p74）で使われる柿はショ糖と果糖を含み、岡山のぎょうせん（水あめ）（p58）は麦芽糖、宮崎の甘酒（p60）はブドウ糖ということになります。

ショ糖の甘さを1とした甘味度で表すと、果糖が1・2～1・5、ブドウ糖が0・6～0・7、麦芽糖が0・35～0・4といった順番になります。これらの甘味の感じ方は温度によっても変わります。実際のもちやだんごでは甘味料の量や濃度はさまざまで、口に入れたときにおいしく感じられるよういろいろな工夫がされていると思われます。

●灰汁《あく》の作用

灰汁にもち米を一晩浸漬した後、葉や竹の皮で包んでゆでるものに鹿児島のあくまき（p112）と、山形の一部で食べられている笹巻き（p92）があります。この笹巻きは九州のあくまきが北前船で伝わったといわれています。

灰汁につけると全体が黄色に染まります。これはアルカリ溶液につけることによる米や竹の皮、笹が持つフラボノイド系色素の着色に由来するものと考えられます。灰汁はアルカリ性が強いため、糊化がすすみやすくなり透明感がでてもっちりとやわらかくなりますし、米粒が残らずなめらかなもち状になります。また酵素が働いて変質するのを防いだり、微生物の増殖を抑制する効果もあります。

どちらの地域でも端午の節句でつくられます。山形では笹、九州では竹の皮が使われ、笹や竹の抗菌・防腐作用、灰汁の殺菌作用が加わり、保存性のよい食品になっています。あくまきは竹皮に包んだ後、灰汁で煮るのでより強い風味になっていると想像します。種子島の角《つの》巻きはきれいな三角すいの形に包みますが、これとそっくりなのが、山形県と新潟県の県境付近でつくられるこぶし巻き（げんこつ巻き）で、遠く離れた土地で包み方まで同じものが伝わっているのが印象深く感じられます。

＊　＊　＊

以上のように、米を無駄なくおいしく食べるためのたくさんの工夫が伝えられてきています。もちのもう一つの重要な食べ方である「雑煮」については今後刊行される「年取りと正月の料理」でたくさん紹介されるので、そちらも楽しみです。

（東根裕子）

調理科学の目 1

米菓ともちをめぐる調理科学的考察

大越ひろ（日本女子大学名誉教授）

本書では、米のおやつの一種として各地のかきもち（p36など）やあられ（切り子、p34）が紹介されています。これらはもち米でつくります。

一方、うるち米でつくるおやつにせんべいがありますが、本書では登場しません。これは生地づくりや加温の工程管理が難しく、江戸時代の昔から家庭料理としてよりは、売り物として発達してきたためと思われます。さらに古くは、せんべい（煎餅）は中国から伝わってきた小麦粉でつくった甘味のついた干菓子のことで、関西地方の甘い瓦せんべいや東北地方のゴマや落花生が入った南部せんべいとして伝えられています。かつて、京都に住む大叔母から、しょっぱいせんべいが食べたいので関東の「草加せんべい」を送ってくれと頼まれたことを思い出します。

●かきもち類が食べられる理由

米のでんぷんはアミロースやアミロペクチンで構成されている微結晶構造として存在しています。そのため、硬くて人の消化酵素が働かないために消化しにくいものです。そこで、水を加えて加熱することで水分子がでんぷんの結晶構造の中に入り込み（糊化）、透明感と粘り気のある食べやすい状態に変わり消化できるようになります。しかし、温度が下がり時間がたつと、水分子が部分的に押し出されてでんぷんは一部再結晶化（老化）します。冷蔵庫に入れたご飯が白くボソボソと硬くなった状態がわかりやすい例で、味も悪く消化もしにくい状態に戻ります。

これまでの実験で、糊化したでんぷんに水分が30〜60％ある場合に最も老化が進みやすく、10％以下では進みにくいことがわかっています。そのため、ご飯やもちを乾燥させることで、でんぷんは糊化した状態のままで水分がとび、長くおいても老化せず、おいしく食べることができます。アルファ米と呼ばれる非常食の乾燥飯や、もちを干して乾燥させたかきもちがこの例です。

では、硬く乾いたかきもちやせんべいはなぜ、サクサクとおいしく食べられるのでしょうか。

かきもちもせんべいも、もち状の生地を加熱して膨らませます（膨化《ぼうか》）。生地中に含まれる水分が水蒸気として、糊状になったでんぷんを膨らませ、空洞をつくります。そのため、脆い構造が形成されるのです。さらに加熱を続けることで、でんぷん中の水分が減少し、最終的に水分は6％程度になります。こうしてできたかきもちやせんべいは、サクサク、パリパリと噛み砕くことができる状態になっています。そして唾液と混ざって容易に軟らかくなっていくのです。

このような経験の積み重ねで培われてきた製造方法が食べやすくおいしい米菓を生み出していることに感心します。

●もちはもち米でつくるもの？

もちはもち米でつくるものと思われているかもしれませんが、本書では、うるち米を使っていたり、いも類が主役の「もち」などがみられます。

千葉県で伝承されている性学もち（p18）はうるち米でつくるので、粘りが少なく、通常のもちのようにはのびず、べたつかないので、歯切れがよいそうです。このもちは棒状に成形されているので、韓国のトックと類似したものといえますが、近年高齢者向けのもちとして、某企業が販売しているものとも似ています。

●雑煮のもちが詰まりやすいのは

正月の新聞には、必ずといってい

いほど、「雑煮のもちが喉に詰まってお年寄りが窒息」という記事が掲載されます。こうした事故を防ぐにはどうしたらよいのでしょうか。

雑煮は、日本人にとって正月を寿《ことほ》ぐ代表的な行事食で、とくに高齢者にとって、元日の雑煮とおせち料理は、新しい一年の始まりを実感できる特別で贅沢な献立です。

しかし、喉に詰まるもちとしてはあんもちよりも、磯辺もちよりも、雑煮のもちが危険だと考えられます。雑煮のもちは汁の中で軟らかくなっていて、さらに水分が覆っていることが要因です。

高齢者がもちに箸をのばし、もちを一口大に切ろうとします。しかし切りにくいので、比較的大きいままで口に入れることになります。口に入ったときのもちは一口で食べやすい量（食塊）よりもやや大きいはずです。嚥下《えんげ》（飲み込む）力が低下した高齢者が食塊となっていないもちを一気に飲み込むことで、喉に詰まらせる危険性が高まるのです。

食べやすい量よりも大きいもちをそのまま飲み込もうとしてしまうのは、もちが十分に軟らかい状態で、しかも周りを水分が覆っているため、飲み込める状態と勘違いするのだと思われます。通常は、食べ物を口の中でよく噛んで食塊にしてから、喉に送り込んでいます。もちもゆっくりと食事をする雰囲気の中では、歯あるいは歯茎で咀嚼され、食塊になるので、喉につまりにくくなります。

しかし、雑煮のもちがまとまったまま喉に入ると、その粘りと変形しやすさから喉頭蓋《こうとうがい》のあたりにとどまり、気管への道を塞ぐため、窒息状態に陥ることになります。

●高齢者用に開発されたもち

事故を防ぐためにいろいろな工夫もされています。ある高齢者施設では、もち粉にマッシュポテトと水を混ぜ、ゆでて団子状にすると、軟らかく、しかものびにくく、食べやすいもちになるそうです。ただし、もちの風味は多少減ります。別の施設では、小さく切って焼き目をつけ、雑煮の中に入れて提供しているそうですが、多少危険は伴うので、見守りは必要だということです。

そこで、市販の切りもち（もち）と高齢者用に開発されたうるち粉入りのもち（うるち入りもち）、マッシュポテトを入れたもち（芋入りもち）の3種について、汁の中で50℃に温めて試食してもらい（官能評価）、喉に詰まる危険性を評価してもらいました（※1）。試食は高齢者では危険を伴うため、施設に勤務する管理栄養士の方々にお願いし、同時に、咀嚼回数なども測定しました。

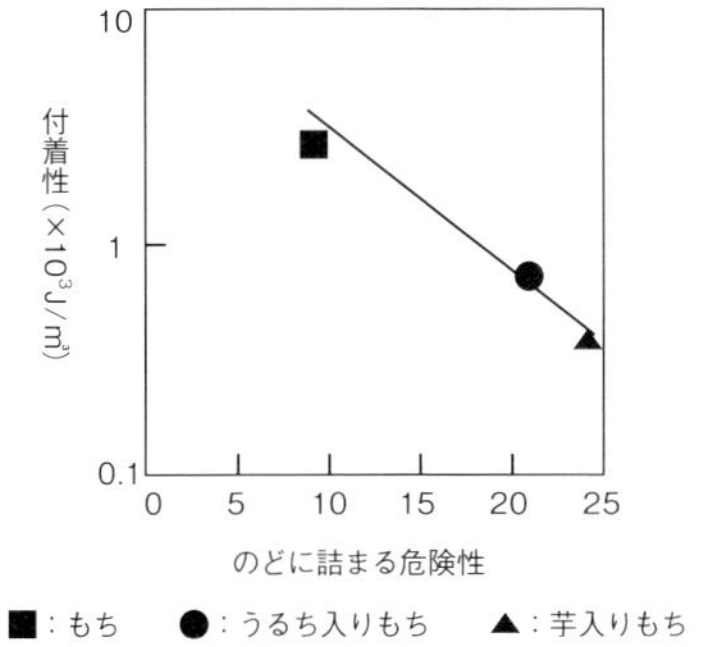

図1　もちののどに詰まる危険性と付着性の関係

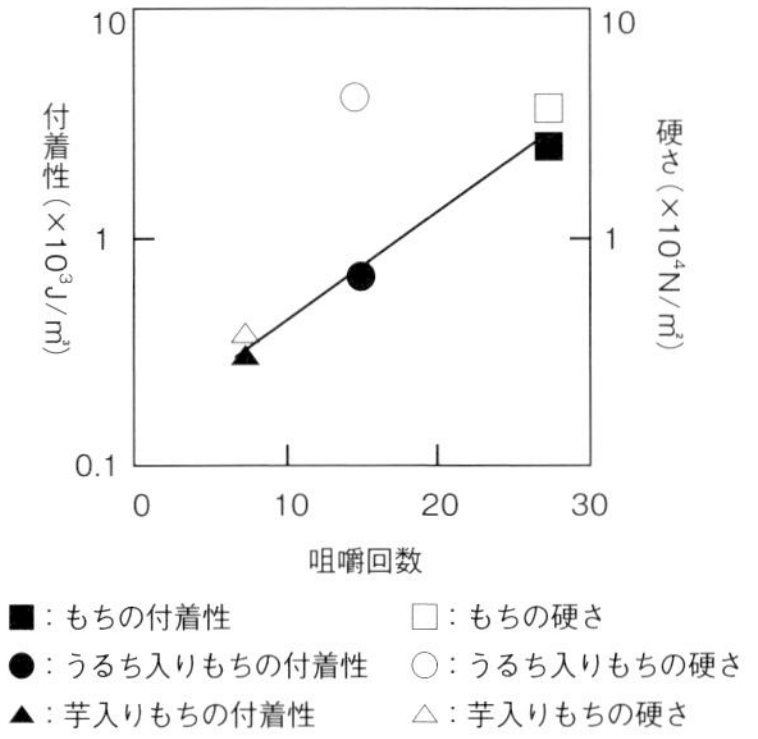

図2　もちの咀嚼回数と付着性・硬さの関係

図1に喉に詰まる危険性と付着性（粘つきやすさ）の関係を示したところ、両者に直線関係がみられ、もちが喉につまる危険性はもちの粘つきに比例して高まりました。

また、50℃に汁の中で温めたもちを咀嚼してもらい、嚥下するまでの回数を測定したところ（図2）、もちが硬いか軟らかいかとは関係がみられず、付着性が大きいものほど飲み込むまでに必要な咀嚼回数が多くなることがわかりました。

もち、ことに雑煮のもちは付着性が小さくなるほど喉につまる危険性が低く、飲み込むのに必要な咀嚼回数も少なくなりました。

今回掲載されたもちについて概観してみたところ、うるち米のくず米を利用したり、もち米におからやキビなどを合わせる方法がとられていました。こうした工夫はもちの粘りを抑え、食べやすくしたと考えられます。すなわち、高齢者や幼児向けの食べ物となる素晴らしい知恵だといえます。今後の介護食品などの食品開発に活かしてほしいものです。

【※1】品川喜代美ら「高齢者向け餅の食べやすさについて」「日本調理科学会誌」第47巻3号（2014年）

笹だんごづくり（新潟・柏崎市）　撮影／高木あつ子

調理科学の目2

新潟の笹だんご 配合の妙

佐藤恵美子（新潟県立大学名誉教授）

いまや新潟名物となっている笹だんご（p94）は、もち粉と上新粉を5：5もしくは7：3でブレンドした生地によもぎを練りこんでいます。この配合にはどういう特徴があるのでしょうか。

もちとうるちのおいしい配合は

大学生38人を対象に、もち米の粉とうるち米の粉をいろいろな割合で配合した生地でつくっただんごを食べ比べて硬さ・軟らかさ、歯切れ、舌ざわり、弾力について評価してもらった研究があります（※1）。

まず、もち米の粉だけでつくっただんごは軟らかく、歯切れがなく、粘りが高く、舌ざわりがよく、弾力はないという評価になりました。

反対に、うるち米の粉だけでつくっただんごは硬く、歯切れがよく、粘りがなく、舌ざわりは悪く、弾力はないという評価になりました。どちらのだんごも、もちとうるちを混合した場合よりも評価は低く好まれませんでした。

評価がもっとも高いだんごはもち：うるちが5：5の配合で、次いで7：3の配合が好まれるという結果が出ています。

もち粉が多いと硬くなりやすい

糊化して水分を含んだ緩やかなでんぷんの分子構造は、一定時間を経過すると水分を失い緻密に結合した構造に戻り、硬くなります（老化）。調製直後はもちだんごがうるちだんごより軟らかく粘りがあるのですが、でんぷんの硬くなる速さはもちだんごの方が大きく、ある時間（2～3日くらい）を超えるともちだんごがうるちだんごより硬くなります。

一般にはアミロースを含むうるち米でんぷんの方が老化しやすいと考えられていますが、だんごのように米でんぷんの濃度が高い場合は、もち米でんぷんの方が速く老化します。それは、アミロペクチンが100％のもち米の粉は、でんぷんの糊化に必要な水分がうるち米の粉より少なく、アミロペクチンの枝分かれ構造がすきまなくくっつき合う緻密な構造になるためと考えられます（※2、3、4）。このため、上新粉を混ぜた方が日持ちはよくなるといえます。

よもぎを加えて最適な配合に

以上のことから、食感と日持ちの点からもっとも好まれる配合比はもちとうるちが5：5で、7：3も十分おいしく感じられています。

じつはだんごの生地によもぎを加えると、でんぷんの網目構造の中に繊維状のよもぎが入るので、でんぷん同士がくっついて結合するのが妨げられます。そのため硬くなるのを遅くする効果があります。よもぎが多くなると歯切れや弾力性が高まる一方でなめらかさや舌ざわりは低くなりますが、よもぎを多く入れたい場合はもち粉を少し増やすことで、おいしい食感のまま香りや味の濃い笹だんごがつくれるといえそうです（※5）。

笹だんごは抗菌作用のある笹の葉で包むことで、さらに香りや保存性がよくなっています。笹だんごの配合とつくり方は、まさに経験による知恵と科学の融合といえるでしょう。

【※1】勝田啓子「団子の食味特性に及ぼす米粉粒度と米粉配合比（糯：粳）の影響」『日本家政学会誌』第38巻8号（1987年）
【※2】勝田啓子他「団子の老化過程の速度論的検討（第1報）」『日本家政学会誌』第44巻4号（1993年）
【※3】勝田啓子他「老化団子のみかけの活性化エネルギーと自由体積分率（第1報）」『日本家政学会誌』第46巻5号（1995年）
【※4】勝田啓子他「老化団子のみかけの活性化エネルギーと自由体積分率（第2報）」『日本家政学会誌』第46巻5号（1995年）
【※5】佐藤恵美子「団子モデル系米澱粉ゲルの力学特性に及ぼすヨモギ添加の影響」『日本調理科学会大会研究発表要旨集』（2009年）

＊だんごのおいしさには粉の粒度や加水量も大きく関係していますが、ここでは触れていません。

●1つが掲載レシピ1品を表します。

種実

野草・木の葉

海藻

甘味料

野菜・きのこ・果物

魚介・魚介加工品

肉・卵・乳製品

調味料・香辛料

その他粉類

その他

※項目ごとに五十音順。

素材別索引

米・米加工品

雑穀

麦・麦加工品

いも・いも加工品

豆・豆加工品

その他の協力者一覧

本文中に掲載した協力者の方々以外にも、調査・取材・撮影等でお世話になった方々は各地にたくさんおいでです。ここにまとめて掲載し、お礼を申し上げます。（敬称略）

青森県　中南地域県民局地域農林水産部農業普及振興室、西北地域県民局地域農林水産部農業普及振興室、下北地域県民局地域農林水産部農業普及振興室、笹森得子

宮城県　木幡みつよ、佐藤ケイ子

山形県　ＪＡ鶴岡女性部、江頭宏昌

福島県　永沼ちひろ、三瓶ミヤ子、市村實佐、増子ゆき子、増子美佐子

栃木県　仁村さち子

東京都　森谷久美子、磯部信子

神奈川県　青木房江、大森ノリ子

新潟県　柏崎市食の地産地消推進会議、新潟県生活文化研究会、渋谷歌子、本間伸夫、佐渡市なりわいの匠（たくみ）

富山県　農事組合法人食彩工房たてやま、石谷もちや

山梨県　すみれの会

京都府　石橋セツ子、橋本範子、小川貞子

大阪府　狩野敦、原貞子

兵庫県　宍粟市健康福祉部千種保健福祉課、宍粟市健康福祉部保健福祉課

奈良県　片岡リヨ子、寺田秀子

和歌山県　伊都振興局・大東京子、裕好子、山本鈴代

島根県　島根県食生活改善推進協議会、島根県立大学（平成30年度学術研究特別助成金）

岡山県　重松勝江、井上悦子、石原百合子

徳島県　那賀町ヘルスメイト、川島生活交流グループ協議会大俣コスモスグループ

愛媛県　渡部キクヱ、中村ヨシヱ、菅沼裕介

高知県　松﨑淳子、小松利子、岩目博子、佐川町生活改善グループ

福岡県　赤村特産物センター、金子清子、田口朝枝、原都々美、川上慶子

長崎県　対馬市健康づくり推進部北地区保健センター

熊本県　天草広域本部農林水産部農業普及・振興課

宮崎県　赤木敦子、税田壽子、西トミ、中川町子、木下テル子、宮崎県農業経営支援課（甲斐紀子、今東香、坂本美奈子）、ＪＡ都城・松留あけみ、川俣郁恵

鹿児島県　深野嘉郎、吉村政明

「伝え継ぐ 日本の家庭料理」

著作委員一覧

（2019年4月1日現在）

北海道　菅原久美子（札幌国際大学短期大学部）／菊地和美（藤女子大学）／坂本恵（札幌保健医療大学）／木下教子（北翔大学）／土屋律子（元北翔大学）／藤本真奈美（光塩学園女子短期大学）／村上知子（元北海道教育大学）／山口敦子（天使大学）／佐藤恵（光塩学園女子短期大学）／伊木亜子（函館短期大学）／畑井朝子（元函館短期大学）／宮崎早花（酪農学園大学）／田中ゆかり（光塩学園女子短期大学）

青森県　北山育子（東北女子短期大学）／安田智子（東北女子短期大学）／真野由紀子（東北女子短期大学）／熊谷貴子（青森県立保健大学）／今井美和子（東北栄養専門学校）／澤田千晴（元東北女子短期大学）／下山春香（元東北女子短期大学）

岩手県　髙橋秀子（修紅短期大学）／長坂慶子（岩手県立大学盛岡短期大学部）／魚住恵（元岩手県立大学盛岡短期大学部）／菅原悦子（元岩手大学）／村元美代（盛岡大学）／渡邉美紀子（修紅短期大学）／冨岡佳奈絵（修紅短期大学）／佐藤佳織（修紅短期大学）／阿部真弓（修紅短期大学）／松本絵美（岩手県立大学盛岡短期大学部）／岩本佳恵（岩手県立大学盛岡短期大学部）

宮城県　高澤まき子（仙台白百合女子大学）／野田奈津実（尚絅学院大学）／和泉眞喜子（尚絅学院大学）／宮下ひろみ（東都医療大学）／濟渡久美（東北生活文化大学短期大学部）／矢島由佳（仙台白百合女子大学）

秋田県　高山裕子（聖霊女子短期大学）／熊谷昌則（秋田県総合食品研究センター）／長沼誠子（元秋田大学）／山田節子（元聖霊女子短期大学）／三森一司（聖霊女子短期大学）／髙橋徹（秋田県総合食品研究センター）／逸見洋子（元秋田大学）／大野智子（青森県立保健大学）／駒場千佳子（女子栄養大学）

山形県　齋藤寛子（山形県立米沢栄養大学）／宮地洋子（仙台青葉学院短期大学）／平尾和子（愛国学園短期大学）／佐藤恵美子（元新潟県立大学）

福島県　阿部優子（元郡山女子大学短期大学部）／加藤雅子（郡山女子大学短期大学部）／會田久仁子（郡山女子大学短期大学部）／中村恵子（福島大学）／柳沼和子（郡山女子大学）／津田和加子（桜の聖母短期大学）／福永淑子（文教大学）

茨城県　渡辺敦子（茨城キリスト教大学）／荒田玲子（常磐大学）／吉田恵子（つくば国際大学）／石島恵美子（茨城大学）／飯村裕子（常磐大学）／野口元子

栃木県　名倉秀子（十文字学園女子大学）／藤田睦（佐野日本大学短期大学）

群馬県　綾部園子（高崎健康福祉大学）／堀口恵子（東京農業大学）／神戸美恵子（桐生大学）／阿部雅子（東京医療大学）／高橋雅子（明和学園短期大学）／永井由美子（群馬調理師専門学校）／渡邉靜（明和学園短期大学）

埼玉県　島田玲子（埼玉大学）／河村美穂（埼玉大学）／土屋京子（東京家政大学）／加藤和子（東京家政大学）／成田亮子（東京家政大学）／名倉秀子（十文字学園女子大学）／木村靖子（十文字学園女子大学）／松田康子（女子栄養大学）／駒場千佳子（女子栄養大学）／徳山裕美（帝京短期大学）

千葉県　渡邊智子（淑徳大学）／柳沢幸江（和洋女子大学）／今井悦子（聖徳大学）／石井克枝（元千葉大学）／中路和子／梶谷節子／大竹由美

東京都　加藤和子（東京家政大学）／宇和川小百合（東京家政大学）／赤石記子（東京家政大学）／伊藤美穂（東京栄養食糧専門学校）／色川木綿子（東京家政大学）／大久保洋子（元実践女子大学）／香西みどり（お茶の水女子大学）／佐藤幸子（実践女子大学）／白尾美佳（実践女子大学）／成田亮子（東京家政大学）

神奈川県　櫻井美代子（東京家政学院大学（非））／大越ひろ（元日本女子大学）／増田真祐美（成立学園高等学校）／大迫早苗（相模女子大学）／酒井裕子（相模女子大学）／清絢／小川暁子（神奈川県農業技術センター）／河野一世（奈良食と農の魅力創造国際大学校）／津田淑江（元共立女子短期大学）

新潟県　佐藤恵美子（元新潟県立大学）／太田優子（新潟県立大学）／立山千草（新潟県立大学）／山口智子（新潟大学）／伊藤直子（元新潟医療福祉大学）／玉木有子（大妻女子大学）／伊藤知子（新潟県栄養士会）／小谷スミ子（元新潟大学）／山田チヨ（新潟県栄養士会）／松田トミ子（新潟県栄養士会）／長谷川千賀子（悠久山栄養調理専門学校）／渡邊智子（淑徳大学）

富山県　深井康子（富山短期大学）／原田澄子（金沢学院短期大学）／稗苗智恵子（富山短期大学）／中根一恵（富山短期大学）

石川県　新澤祥惠（北陸学院大学短期大学部）／川村昭子（元金沢学院短期大学）／中村喜代美（北陸学院大学短期大学部（非））

福井県　佐藤真実（仁愛大学）／森恵見（仁愛女子短期大学）／谷洋子（元仁愛大学）／岸松静代（元仁愛女子短期大学）

山梨県　時友裕紀子（山梨大学）／柘植光代（元日本女子大学）／阿部芳子（元相模女子大学）／松本美鈴（大妻女子大学）／坂口奈央（山梨県立北杜高

等学校）

長野県　中澤弥子（長野県立大学）／吉岡由美（元長野県短期大学）／高崎禎子（信州大学）／小木曽加奈（長野県立大学）／小川晶子（長野県立大学）

岐阜県　堀光代（岐阜市立女子短期大学）／西脇泰子（岐阜聖徳学園大学短期大学部）／長屋郁子（岐阜市立女子短期大学）／坂野信子（東海学園大学（非））／木村孝子（東海学院大学）／辻美智子（名古屋女子大学）／横山真智子（各務原市立桜丘中学校）／山根沙季（中京学院大学短期大学部）／長野宏子（元岐阜大学）

静岡県　新井映子（静岡県立大学）／高塚千広（東海大学短期大学部）／市川陽子（静岡県立大学）／伊藤聖子（静岡県立大学）／神谷紀代美（浜松調理菓子専門学校）／川上栄子（元常葉大学）／清水洋子（静岡英和学院大学短期大学部）／竹下温子（静岡大学）／中川裕子（実践女子大学）／村上陽子（静岡大学）

愛知県　西堀すき江（東海学園大学（非））／小出あつみ（名古屋女子大学）／近藤みゆき（名古屋文理大学短期大学部）／石井貴子（名古屋文理大学短期大学部）／小濱絵美（名古屋文理大学短期大学部）／加藤治美（名古屋文理栄養士専門学校）／山内知子（名古屋女子大学）／松本貴志子（名古屋女子大学短期大学部）／間宮貴代子（名古屋女子大学）／伊藤正江（至学館大学）／森山三千江（愛知学泉大学）／山本淳子（愛知学泉短期大学）／野田雅子（愛知淑徳大学（非））／廣瀬朋香（元東海学園大学）／亥子紗世（元東海学園大学）／筒井和美（愛知教育大学）／羽根千佳（元東海学園大学）

三重県　磯部由香（三重大学）／飯田津喜美（三重短期大学）／水谷令子（元鈴鹿大学）／成田美代（元三重大学）／平島円（三重大学）／久保さつき（鈴鹿大学）／鷲見裕子（高田短期大学）／乾陽子（鈴鹿大学短期大学部）／駒田聡子（皇學館大学）／阿部稚里（三重短期大学）／奥野元子（元島根県立大学短期大学部）／萩原範子（元名古屋学芸大学短期大学部）／小長谷紀子（安田女子大学）

滋賀県　中平真由巳（滋賀短期大学）／山岡ひとみ（滋賀短期大学）／石井裕子（武庫川女子大学（非））／小西春江（園田学園女子大学短期大学部）／久保加織（滋賀大学）／堀越昌子（京都華頂大学）

京都府　豊原容子（京都華頂大学）／湯川夏子（京都教育大学）／桐村ます美（元成美大学短期大学部）／河野篤子（京都女子大学）／坂本裕子（京都華頂大学）／福田小百合（京都文教短期大学）／米田泰子（元京都ノートルダム女子大学）

大阪府　東根裕子（甲南女子大学）／八木千鶴（千里金蘭大学）／阪上愛子（元堺女子短期大学）／澤田参子（元奈良文化女子短期大学）／原知子（滋賀短期大学）／山本悦子（大阪夕陽丘学園短期大学）

兵庫県　田中紀子（神戸女子大学）／片寄眞木子（元神戸女子短期大学）／坂本薫（兵庫県立大学）／富永しのぶ（兵庫大学）／本多佐知子（金沢学院短期大学）／中谷梢（関西福祉科学大学）／作田はるみ（神戸松陰女子学院大学）／原知子（滋賀短期大学）

奈良県　喜多野宣子（大阪国際大学）／志垣瞳（帝塚山大学（非））／三浦さつき（奈良佐保短期大学）／島村知歩（奈良佐保短期大学）

和歌山県　青山佐喜子（大阪夕陽丘学園短期大学）／三浦加代子（園田学園女子大学）／川原崎淑子（元園田学園女子大学）／橘ゆかり（神戸松蔭女子学院大学）／川島明子（園田学園女子大学）／千賀靖子（元樟蔭東短期大学）

鳥取県　松島文子（鳥取短期大学）／板倉一枝（鳥取短期大学）

島根県　石田千津恵（島根県立大学）／藤江未沙（松江栄養調理製菓専門学校）

岡山県　藤井わか子（美作大学短期大学部）／青木三恵子（高知大学（客））／小川眞紀子（ノートルダム清心女子大学）／槇尾幸子（元中国学園大学）／大野婦美子（くらしき作陽大学）／藤堂雅恵（研）（美作大学）／人見哲子（美作大学）／新田陽子（岡山県立大学）／我如古菜月（岡山県立大学）／加賀田江里（中国短期大学）／藤井久美子（山陽学園大学）

広島県　岡本洋子（広島修道大学）／村田美穂子（広島文化学園短期大学）／渡部佳美（広島女学院大学）／石井香代子（福山大学）／奥田弘枝（元広島女学院大学）／海切弘子（研）（広島大学大学院）／上村芳枝（比治山大学（非））／木村留美（広島国際大学）／近藤寛子（福山大学）／渕上倫子（元福山大学）／前田ひろみ（広島文化学園短期大学）／木村安美（中村学園大学）／高橋知佐子（福山大学（非））／塩田良子（広島文教大学）／政田圭子（元鈴峯女子短期大学）／小長谷紀子（安田女子大学）／山口享子（中国学園大学（嘱））／北林佳織（比治山大学）

山口県　五島淑子（山口大学）／園田純子（山口県立大学）／池田博子（元西南女学院大学短期大学部）／櫻井菜穂子（宇部フロンティア大学短期大学部）／廣田幸子（東亜大学）／福田翼（水産大学校）／山本由美（元池坊短期大学）／森永八江（山口大学）

徳島県　髙橋啓子（四国大学）／金丸芳（徳島大学）／松下純子（徳島文理大学短期大学部）／長尾久美子（徳島文理大学短期大学部）／近藤美樹（徳島文理大学）／後藤月江（四国大学短期大学部）／三木章江（四国大学短期大学部）／川端紗也花（四国大学）／坂井真奈美（徳島文理大学短期大学部）

香川県　次田一代（香川短期大学）／加藤みゆき（元香川大学）／川染節江（元明善短期大学）／村川みなみ（香川短期大学）／渡辺ひろ美（香川短期大学）

愛媛県　亀岡恵子（松山東雲短期大学）／宇高順子（愛媛大学）／香川実恵子（松山東雲女子大学（非））／武田珠美（熊本大学）／皆川勝子（松山東雲短期大学）

高知県　小西文子（東海学院大学）／五藤泰子（高知学園短期大学（非））／野口元子／福留奈美（東京聖栄大学）

福岡県　三成由美（中村学園大学）／松隈美紀（中村学園大学）／宮原葉子（中村学園大学（非））／入来寛（中村学園大学）／御手洗早也伽（中村学園大学）／熊谷奈々（中村学園大学）／大仁田あずさ（元中村学園大学）／八尋美希（近畿大学九州短期大学）／秋永優子（福岡教育大学）／川島年生（中村学園大学）／新冨瑞生（九州女子大学）／末田和代（精華女子短期大学）／楠瀬千春（九州栄養福祉大学）／仁後亮介（中村学園大学短期大学部）／吉岡慶子（元中村学園大学）／猪田和代（太刀洗病院）／山本亜衣（九州女子大学）

佐賀県　西岡征子（西九州大学短期大学部）／副島順子（元西九州大学）／武富和美（西九州大学短期大学部）／萱島知子（佐賀大学）／成清ヨシヱ（元西九州大学短期大学部）／橋本由美子（西九州大学短期大学部（非））

長崎県　冨永美穂子（広島大学）／久木野睦子（活水女子大学）／石見百江（長崎県立大学）

熊本県　秋吉澄子（尚絅大学短期大学部）／北野直子（元熊本県立大学）／戸次元子（老健施設もやい館）／川上育代（尚絅大学）／原田香（尚絅大学短期大学部）／中嶋名菜（熊本県立大学）／小林康子（尚絅大学短期大学部）／柴田文（尚絅大学短期大学部）

大分県　西澤千惠子（元別府大学）／立松洋子（別府大学短期大学部）／望月美左子（別府溝部学園短期大学）／高松伸枝（別府大学）／宇都宮由佳（学習院女子大学）／山嵜かおり（東九州短期大学）／麻生愛子（東九州短期大学）

宮崎県　篠原久枝（宮崎大学）／長野宏子（元岐阜大学）／磯部由香（三重大学）／秋永優子（福岡教育大学）

鹿児島県　森中房枝（鹿児島純心女子大学）／木之下道子（鹿児島純心女子大学）／進藤智子（鹿児島純心女子短期大学）／山崎歌織（鹿児島女子短期大学）／木戸めぐみ（鹿児島女子短期大学）／大倉洋代（鹿児島女子短期大学（非））／大富あき子（東京家政学院大学）／大山典子（鹿児島純心女子短期大学）／新里葉子（鹿児島純心女子大学）／福元耐子（鹿児島純心女子大学）／山下三香子（鹿児島県立短期大学）／木下朋美（鹿児島県立短期大学）／大富潤（鹿児島大学）／竹下温子（静岡大学）／千葉しのぶ（鹿児島女子短期大学）／久留ひろみ

沖縄県　田原美和（琉球大学）／森山克子（琉球大学）／我那覇ゆりか（宮古島市立西辺小学校）／大城まみ（琉球大学）／名嘉裕子（デザイン工房美南海）

サンキライの葉で包んで蒸す（徳島県勝浦町）　写真／長野陽一

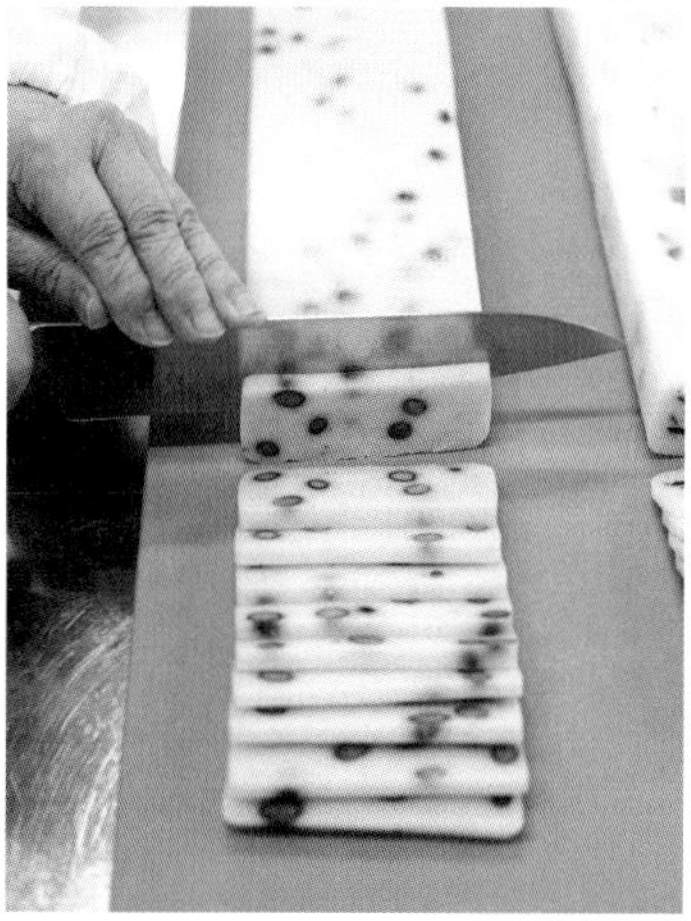

左上から右へ。かきもちを火鉢であぶる（奈良県山辺村）、ひなまんじゅうのあんを包む（岩手県滝沢市）、斗棒（とぼ）もちを切る（富山県富山市）、もち米の上に上新粉のもちを入れて蒸す（奈良県宇陀市）、石臼でもちをつく（愛知県設楽町津具）、素焼きの型でいがもちをつくる（島根県出雲市）、盃まんじゅうをつくる（佐賀県山内町）、かごに入った草もちとおかまごんごん（愛知県尾張水郷）　写真／五十嵐公、奥山淳志、長野陽一、高木あつ子、戸倉江里

全集

伝え継ぐ 日本の家庭料理

米のおやつともち

2020年11月10日　第1刷発行
2024年１月25日　第2刷発行

企画・編集
一般社団法人 日本調理科学会

発行所
一般社団法人 農山漁村文化協会
〒335-0022 埼玉県戸田市上戸田 2-2-2
☎ 048-233-9351（営業）
☎ 048-233-9372（編集）
FAX 048-299-2812
振替 00120-3-144478
https://www.ruralnet.or.jp/

アートディレクション・デザイン
山本みどり

制作
株式会社 農文協プロダクション

印刷・製本
TOPPAN 株式会社

＜検印廃止＞
ISBN978-4-540-19192-3

本扉裏写真／長野陽一（富山県・かんもち）
扉写真／長野陽一（p5）、五十嵐公（p42、91）、奥山淳志（p62）

「伝え継ぐ 日本の家庭料理」出版にあたって

一般社団法人 日本調理科学会では、2000 年度以来、「調理文化の地域性と調理科学」をテーマにした特別研究に取り組んできました。2012 年度からは「次世代に伝え継ぐ 日本の家庭料理」の全国的な調査研究をしています。この研究では地域に残されている特徴ある家庭料理を、聞き書き調査により地域の暮らしの背景とともに記録しています。

こうした研究の蓄積を活かし、「伝え継ぐ 日本の家庭料理」の刊行を企図しました。全国に著作委員会を設置し、都道府県ごとに 40 品の次世代に伝え継ぎたい家庭料理を選びました。その基準は次の 2 点です。

①およそ昭和 35 年から 45 年までに地域に定着していた家庭料理
②地域の人々が次の世代以降もつくってほしい、食べてほしいと願っている料理

そうして全国から約 1900 品の料理が集まりました。それを､｢すし｣｢野菜のおかず｣「行事食」といった 16 のテーマに分類して刊行するのが本シリーズです。日本の食文化の多様性を一覧でき、かつ、実際につくることができるレシピにして記録していきます。ただし、紙幅の関係で掲載しきれない料理もあるため、別途データベースの形ですべての料理の情報をさまざまな角度から検索し、家庭や職場、研究等の場面で利用できるようにする予定です。

日本全国 47 都道府県、それぞれの地域に伝わる家庭料理の味を、つくり方とともに聞き書きした内容も記録することは､地域の味を共有し、次世代に伝え継いでいくことにつながる大切な作業と思っています。読者の皆さんが各地域ごとの歴史や生活習慣にも思いをはせ、それらと密接に関わっている食文化の形成に対する共通認識のようなものが生まれることも期待してやみません。

日本調理科学会は 2017 年に創立 50 周年を迎えました。本シリーズを創立 50 周年記念事業の一つとして刊行することが日本の食文化の伝承の一助になれば、調査に関わった著作委員はもちろんのこと、学会として望外の喜びとするところです。

2017 年 9 月 1 日

一般社団法人 日本調理科学会　会長　香西みどり

＊なお、本シリーズは聞き書き調査に加え、地域限定の出版物や非売品の冊子を含む多くの文献調査を踏まえて執筆しています。これらのすべてを毎回列挙することは難しいですが、今後別途、参考資料の情報をまとめ、さらなる調査研究の一助とする予定です。

本書は「別冊うかたま」2019年6月号を書籍化したものです。